Lewis

Smoothie Bowls

Alison Lewis ist Ernährungsberaterin, professionelle Rezeptentwicklerin und erfolgreiche Kochbuchautorin. Für ihren Blog **Ingredients, Inc.** und ihre Zeitschrift **Healthy Travel** ist sie immer auf der Suche nach den neuesten Food-Trends – und einer hat es ihr derzeit ganz besonders angetan: die Smoothie Bowls. Alison Lewis lebt in Birmingham, Alabama/USA.

Für meinen Mann, Doug Buettner, und meine drei Kinder, Alec, Leigh und Zachary. Ihr seid mein Leben und meine Liebe und ich bin für jeden von euch unendlich dankbar!

Alison Lewis

Smoothie Bowls

Gesunde Energiepakete

TRIAS

7 **Liebe Leserin, lieber Leser**

8 **Smoothie Bowls – gesund und lecker**

9 Welcher Mixer ist der richtige für mich?

9 Die richtige Reihenfolge beim Mixen der Bowls

10 Die Smoothie-Bowl-Speisekammer

22 Top Ten: Tipps für Ihren Smoothie-Bowl-Erfolg

23 Smoothie-Probleme und ihre Lösungen

27 Smoothie Bowls für jede Tageszeit

28 **Power am Morgen**

40 **Grüne Bowls**

56 **Kraftpakete für Zwischendurch**

68 **Koffein-Power**

78 **Leckere Toppings**

88 Service

88 Danksagung

89 Stichwortverzeichnis

« Eismokka-Bowl, Seite 72

Liebe Leserin, lieber Leser,

Smoothie Bowls – dickflüssige Smoothies, die man mit dem Löffel isst – sind gerade ein großer Frühstückstrend. Sie sind so praktisch, lecker und gesund wie flüssige Smoothies, bieten jedoch – dank zusätzlicher Toppings wie frischem Obst oder Trockenfrüchten, Samen und Nüssen – noch ein deutliches Plus an Nährstoffen. Sie sind aber nicht nur noch gesünder als herkömmliche Smoothies, sie machen auch satter, weil sie uns nicht nur etwas zum Schlürfen, sondern auch etwas zum Kauen geben.

Es gibt so viele Gründe, Smoothie Bowls zuzubereiten: Sie schmecken lecker und sehen gut aus. Kinder lieben sie. Und sie bieten eine große Flexibilität bei den Mahlzeiten, weil man sie zum Frühstück, zum Mittagessen, zur Tee- bzw. Kaffeezeit und sogar als Nachtisch essen kann. Sie sind eine ganz einfache, zeitsparende Lösung für alle, die glauben, nicht genug Zeit zu haben, um viel frisches Obst und Gemüse zu essen. Außerdem können Sie beim Zusammenstellen dieser supergesunden Köstlichkeiten nach Herzenslust kreativ werden.

Übrigens: Die meisten Rezepte für Smoothie Bowls in diesem Buch sind sowohl glutenfrei als auch vegetarisch, viele sind außerdem auch für Veganer geeignet.

Viel Freude beim Zubereiten und genießen wünscht Ihnen
Alison Lewis

Smoothie Bowls – gesund und lecker

Smoothie Bowls sind im Handumdrehen fertig. Alles, was Sie brauchen, ist ein leistungsfähiger Mixer, ein paar gesunde, frische Zutaten und leckere Toppings.

Aus gesundheitlicher Sicht spricht vieles für die Smoothie-Bowl-Rezepte in diesem Buch. Hier meine Lieblingsgründe:

1. Die Rezepte enthalten ausschließlich natürliche Zutaten, von denen die meisten auch noch roh verwendet werden, sodass die Bowls vor Vitaminen, Mineralstoffen, bioaktiven Pflanzenstoffen und Antioxidantien nur so strotzen.
2. Die Bowls werden aus natürlichen Superfoods gemacht: neben Obst und Gemüse aus Nüssen und Samen, die viele Ballaststoffe enthalten. So fördern sie die Verdauung und halten länger satt.
3. Viele Smoothie Bowls enthalten Lebensmittel mit antientzündlichen Inhaltsstoffen wie Heidelbeeren, grünes Blattgemüse, Avocados, Chiasamen, Hanfsamen und Walnüsse.
4. Die meisten Rezepte stecken voll gesundem Vitamin C, stärken also das Immunsystem.
5. Viele Smoothie Bowls enthalten Milchprodukte und andere Zutaten mit viel Kalzium, was der Knochendichte dient und Osteoporose vorbeugt. Falls Sie Pflanzenmilch verwenden, wählen Sie ein mit Kalzium angereichertes Produkt.

Gesundheitstipp: Dank der Enzyme, die eine effiziente Verdauung und zusätzlich die Aufnahme der Nährstoffe fördern, liefern frisches Obst und Gemüse jede Menge Energie.

Welcher Mixer ist der richtige für mich?

Wie Smoothies werden auch Smoothie Bowls mit einem Mixer zubereitet. Wählen Sie ein Gerät mit stabilem Stand und gut schließendem Deckel. Achten Sie darauf, dass es auch härtere Pflanzenteile gut zerkleinern kann und leicht zu reinigen ist. Für Rezepte mit frischem Obst ist jeder Mixer geeignet, wenn es aber um gefrorene Früchte geht, fahren Sie mit einem Hochleistungsmixer wie dem Vitamix oder dem Nutribullet am besten. Auch grünes Blattgemüse ist in einem Standardmixer schwerer zu pürieren.

Einige andere Überlegungen zum Kauf eines Mixers:

Fassungsvermögen: Die meisten neuen Mixer fassen zwischen 500 ml und 2 l. Die Rezepte in diesem Buch reichen für 1 bis 2 Portionen (in der Regel für 250 bis 750 ml), die Mengen können aber problemlos verdoppelt werden. Wenn Sie häufig größere Mengen zubereiten möchten, erwägen Sie den Kauf eines Geräts mit höherem Fassungsvermögen.

Material: Mixer werden aus Plastik, Glas oder Edelstahl hergestellt. Plastik ist preiswerter, kann aber auch schneller verschleißen. Glas ist einfach zu reinigen, spülmaschinenfest und strapazierfähig. Edelstahl ist einfach zu reinigen und hält das Mixgut kühl, ist aber auch am teuersten.

Extras: Dass ein Mixer Eiswürfel zerkleinern kann und Intervallprogramme bietet, ist nettes Beiwerk, für die Zubereitung der Rezepte in diesem Buch aber nicht notwendig.

Die richtige Reihenfolge beim Mixen der Bowls

In welcher Reihenfolge Sie die Smoothie-Bowl-Zutaten am besten in das Mixgefäß geben, ist eine Wissenschaft für sich. Um optimale Ergebnisse zu erzielen, halten Sie sich an diese Vorgaben:

1. **Flüssigkeiten:** Gießen Sie als Erstes die flüssigen Zutaten wie Joghurt, Milch, Pflanzenmilch, Saft, Kaffee oder Tee in das Mixgefäß.
2. **Pulver:** Geben Sie als Nächstes alles Pulvrige, wie Protein- oder Kakaopulver, dazu damit es nicht ganz unten oder ganz oben kleben bleibt. Gemahlene Leinsamen und Gewürze gehören ebenfalls in diese Kategorie. Das Gleiche gilt für Haferflocken, die zwar nicht pulvrig sind, sich aber von dieser »Startposition« aus am besten verarbeiten lassen.
3. **Harte Zutaten:** Nach den Pulvern sind alle harten Zutaten wie gefrorene Früchte, Nüsse und Samen an der Reihe.
4. **Weiche Zutaten:** Darauf geben Sie alle weichen Zutaten wie Blattgrün, frisches Obst und Gemüse, Nussmus und frische Kräuter.
5. **Eis:** Falls benötigt, füllen Sie als Letztes Eiswürfel ein. Enthält das Rezept mehrere harte Zutaten, pürieren Sie diese zunächst ohne Eis, bis alles gut vermischt ist. Geben Sie erst dann das Eis hinzu.

Die Smoothie-Bowl-Speisekammer

Der Schlüssel zum Erfolg beim Mixen köstlicher, nahrhafter Smoothie Bowls besteht in der ausschließlichen Verwendung möglichst frischer und naturbelassener Zutaten. Erntefrisches oder unmittelbar nach der Ernte eingefrorenes Obst und Gemüse sind die absoluten Stars in der Schüssel. Halten Sie aber auch bei allen anderen Zutaten nach höchster Qualität und möglichst geringer Verarbeitung Ausschau: Belohnt werden Sie mit ausgezeichnetem Geschmack und guter Gesundheit. Im Folgenden liste ich die Zutaten in der Reihenfolge auf, in der sie in den Mixer kommen.

Joghurt und Kefir

In meinen Rezepten benutze ich griechischen und normalen Joghurt. Beide Sorten sind gesund und vollgepackt mit Vitamin D und Probiotika. Beim griechischen Joghurt wird die flüssige Molke abgetropft, was ihm eine festere und zugleich cremigere Konsistenz verleiht und ihn für Smoothie Bowls wunderbar geeignet macht. Griechischer Joghurt enthält in der Regel auch mehr Protein.

Kefir ist flüssigem Joghurt sehr ähnlich, aber deutlich dicker als Milch. Er enthält reichlich Protein, Kalzium, Vitamin D und Probiotika und verleiht den Smoothie Bowls eine feinsäuerliche Note.

Eiscreme und gefrorener Joghurt

Viele der Rezepte für Smoothie Bowls, die als Dessert oder zur Tee- bzw. Kaffeezeit genossen werden können, enthalten Eiscreme oder gefrorenen Joghurt. Um das Mixen zu erleichtern, geben Sie die Eiscreme oder den gefrorenen Joghurt am besten nach den flüssigeren Zutaten zu.

Milch und Pflanzenmilch

Viele Rezepte enthalten Milch, die sich problemlos durch Pflanzenmilch ersetzen lässt. Pflanzenmilch können Sie ganz nach Ihrem persönlichen Geschmack auswählen. Denken Sie nur daran, dass der Süßegrad der Rezepte an der genannten Milchsorte ausgerichtet ist; nehmen Sie eine andere Sorte, kann es sein, dass Sie süßere oder weniger süße Ergebnisse bekommen.

Ich verwende in meinen Rezepten am häufigsten Kuhmilch, Mandel-, Soja- oder Kokosmilch. Sie können frei unter diesen Sorten wählen oder eine andere Pflanzenmilch nehmen, die Sie lieber mögen, zum Beispiel Hanf- oder Reismilch.

Gesundheitstipp: Probiotika sind »gute« Bakterien, die das Immunsystem unterstützen, die Verdauung fördern und eine positive Wirkung auf Gehirn und Nervensystem haben. In naturbelassenem Joghurt und Kefir sind sie reichlich enthalten, auf dem Etikett kann dann zum Beispiel »mit lebenden Kulturen« stehen.

Kuhmilch

Für Smoothie Bowls können Sie Kuhmilch mit beliebigem Fettgehalt verwenden. Ich persönlich bevorzuge entrahmte Milch, aber fettarme Milch oder Milch mit normalem Fettgehalt ist ebenso gut. Wenn Sie die in der Milch vorhandene Laktose nicht vertragen, können Sie auf laktosefreie oder laktosereduzierte Alternativen ausweichen.

Mandelmilch

Mandelmilch verleiht Smoothies einen nussigen Geschmack und eine cremige Konsistenz. Es gibt sie gesüßt und ungesüßt, natur oder in verschiedenen Geschmacksvariationen. Ich nehme meist ungesüßte Mandelmilch, entweder natur oder Vanille, gelegentlich aber auch einmal gesüßte Mandelmilch. Wenn Sie gesüßte durch ungesüßte Milch ersetzen (oder umgekehrt), beachten Sie bitte, dass sich der Süßegrad der Smoothie Bowl dadurch verändern wird.

Gesundheitstipp: Ein Glas Mandelmilch enthält die Hälfte der empfohlenen Tageszufuhr an Vitamin E.

Sojamilch

Sojamilch enthält etwas mehr gesunde ungesättigte Fettsäuren als andere Pflanzenmilchen und verleiht Smoothie Bowls ein angenehmes Aroma. Sie ist laktosefrei und eine gute Quelle für Protein und Kalzium. Wie Mandelmilch ist sie gesüßt oder ungesüßt erhältlich und es gibt auch hier verschiedene Geschmacksvarianten wie Schoko oder Vanille. Wenn Sie gesüßte durch ungesüßte Sojamilch ersetzen (oder umgekehrt), beachten Sie bitte, dass der Süßegrad des Smoothie Bowls sich dadurch verändern wird.

Kokosmilch

Auch die milchähnliche, rein pflanzliche Kokosmilch können Sie verwenden. Mit ihrem exotischen Flair kann sie das Aroma von Smoothie Bowls enorm verfeinern. Diese laktosefreie Milch ist eine gute Quelle für die Vitamine D und B_{12}, enthält aber nur wenig Protein.

Achten Sie darauf, Kokosmilch im Tetrapack und nicht aus der Dose zu besorgen, denn Letztere ist sehr viel dickflüssiger und fetthaltiger und würde zu ganz anderen Ergebnissen führen.

Gesundheitstipp: Kokosmilch enthält eine besondere Art von gesättigter Fettsäure, die den Gehalt an HDL (High-Density Lipoprotein, dem »guten« Cholesterin) im Blut erhöhen kann.

Kokoswasser

Beim Kauf von Kokoswasser lohnt es sich, das Etikett genauer zu studieren. Zubereitungen aus Konzentrat sowie alle Varianten mit Zusätzen, Süßstoffen oder anderen künstlichen Hilfsstoffen sollten Sie besser meiden.

Andere Flüssigkeiten

Neben den genannten Milchsorten können Sie so ziemlich jede andere Flüssigkeit verwenden, um Smoothie Bowls zu verdünnen oder zu aromatisieren, von Wasser über Saft bis Kaffee oder Tee. Zu Varianten mit Kaffee oder Tee finden Sie ein eigenes Kapitel (Seite 68) in diesem Buch.

Vielleicht möchten Sie zusätzliche Flüssigkeiten in kleineren Mengen zum Aromatisieren beimischen, zum Beispiel Süßungsmittel, Vanilleextrakt oder frisch gepressten Zitronen- oder Limettensaft. Bei den Süßungsmitteln ist Honig mein persönlicher Favorit, aber Agavensirup und reiner Ahornsirup sind ebenfalls gute Alternativen. Honig können Sie in jedem Rezept durch die gleiche Menge Agaven- oder Ahornsirup ersetzen.

Kommen in einem Rezept sowohl Zitronenzesten als auch Zitronensaft vor, vergessen Sie nicht, die Zesten vor dem Auspressen zu gewinnen. Hinzufügen können Sie beides gemeinsam mit den anderen Flüssigkeiten.

Proteinpulver

Viele der Rezepte enthalten Proteinpulver, um das Nährstoffangebot der Bowls zu komplettieren – perfekt, wenn Sie ein schnelles, gesundes Frühstück brauchen oder sich Ihr Körper nach einem Training regenerieren muss. Es werden viele verschiedene Arten von Proteinpulvern angeboten, von Molke über Kasein bis Soja. Wählen Sie einfach das Pulver, das zu Ihren Bedürfnissen und Zielen am besten passt. Viele der Smoothie Bowls enthalten Proteinpulver ohne Geschmack, andere solches mit Vanille-Aroma. Auch andere Geschmacksrichtungen sind erhältlich.

Proteinpulver können Sie grundsätzlich zu jedem Smoothie-Bowl-Rezept hinzufügen. Denken Sie nur daran, dass es immer zuerst mit den flüssigen Zutaten gut vermischt werden sollte, ehe die anderen Zutaten dazukommen.

Gemahlene Leinsamen

Gemahlene Leinsamen werden wie Pulver behandelt, also nach den Flüssigkeiten hinzugefügt. Wenn Sie einen Hochleistungsmixer haben, können Sie auch ganze Leinsamen verwenden, sollten sie aber zuerst mit den Flüssigkeiten mixen, ehe Sie die restlichen Zutaten hinzufügen. Gemahlene oder ganze Leinsamen ergeben auch ein tolles Topping für Smoothie Bowls.

Bewahren Sie gemahlene Leinsamen in einem luftdichten Behälter im Kühlschrank auf. Ganze Leinsamen können Sie, ebenfalls luftdicht verpackt, an einem kühlen, dunklen, trockenen Ort lagern.

Gesundheitstipp: Leinsamen sind gute Quellen für Ballaststoffe, Mangan, Vitamin B_1 und Omega-3-Fettsäuren. Schon 2 Esslöffel gemahlene Leinsamen enthalten mehr als 140 % der empfohlenen Tageszufuhr an Omega-3-Fettsäuren und mehr Lignane als jedes andere pflanzliche Lebensmittel. 1 Esslöffel hat 55 Kalorien und enthält 3 g Kohlenhydrate, 2,8 g Ballaststoffe, 1,9 g Protein sowie 4,3 g Fett.

Kakaopulver

Schon mit einer kleinen Menge ungesüßten Kakaopulvers verleihen Sie Smoothie Bowls ein tolles Schokoladenaroma. Ich bevorzuge rohes Kakaopulver, weil es das beste Aroma hat und am wenigsten verarbeitet ist.

Gemahlene Gewürze

Eine kleine Menge gemahlener Gewürze kann Ihre Smoothie Bowls enorm aufpeppen. Zu meinen Favoriten gehören Zimt, Kardamom und Muskatnuss.

Haferflocken

Haferflocken sind in einer Smoothie Bowl eine tolle Bereicherung und bringen jede Menge Aroma, Ballaststoffe und Nährstoffe mit. Am besten eignen sich die kernigen »Großblatt«-Haferflocken. Geben Sie sie nach den Flüssigkeiten und vor den harten Zutaten hinzu.

Gefrorenes Obst

Sind Flüssigkeiten und Pulver im Mixer, folgt als Nächstes das gefrorene Obst. Jede Art von gefrorenem Obst ist eine tolle Ergänzung für Ihre Smoothie Bowl. Beachten Sie jedoch: Je mehr gefrorenes Obst Sie verwenden, desto dickflüssiger wird Ihre Bowl und desto geringer ist die Wahrscheinlichkeit, dass Sie zusätzlich noch Eiswürfel brauchen.

Obgleich gefrorenes und frisches Obst im Prinzip austauschbar sind, müssen Sie bedenken, dass sich dadurch die Konsistenz verändern kann und Sie zum Ausgleich die Eismenge anpassen müssen.

Schauen Sie sich beim Einkaufen nach verschiedenen Angeboten um. Es gibt inzwischen beim gefrorenen Obst eine erstaunliche Vielfalt. Teilweise ist es sogar schon in Stücke oder Scheiben geschnitten – weniger Arbeit für Sie! Außer Packungen mit einzelnen Obstsorten gibt es auch fertige Mischungen, die manchmal auch Gemüse enthalten. Mit ihrer

Hilfe lässt sich ohne viel Mühe eine große Bandbreite von Aromen verarbeiten.

Natürlich können Sie auch Ihr eigenes frisches Obst einfrieren. Bananen sollten Sie ohnehin regelmäßig einfrieren, damit Sie bei Bedarf immer welche zur Hand haben.

Die folgenden Früchte eignen sich zum Einfrieren besonders gut:

Açai-Beeren

Ihre schöne Farbe erinnert an Auberginen und sie schmecken wie eine Mischung aus Heidelbeeren und Schokolade. In Form von abgepacktem Püree werden Açai-Beeren in Feinkostläden, online oder im Biohandel angeboten. Achten Sie auf naturreine, ungesüßte Ware.

Gesundheitstipp: Açai-Beeren sind reich an Antioxidantien und eine gute Quelle für Ballaststoffe.

Bananen

Die große Mehrzahl der Rezepte in diesem Buch enthält eine gefrorene Banane, die der Smoothie Bowl eine kühle, cremige Konsistenz verleiht. Sie können dafür reife oder auch überreife Bananen verwenden – eine tolle Möglichkeit zur Rettung überreifer Bananen!

- Wenn Sie einen Hochleistungsmixer haben: Bananen schälen, einige ganz lassen und andere halbieren (für Rezepte, die eine halbe Banane benötigen). Bis zu 6 Bananen in einen Gefrierbeutel geben.
- Ohne Hochleistungsmixer: Bananen schälen und alle in kleine Stücke schneiden. In portionierten Mengen in einzelnen Gefrierbeuteln einfrieren (zum Beispiel Stücke einer halben oder einer ganzen Banane).
- Bananen können Sie bis zu 3 Monate in der Tiefkühltruhe aufbewahren. Nehmen Sie sie erst unmittelbar vor dem Mixen heraus, damit sie gar nicht erst auftauen können.

Achtung: Geben Sie keine ganzen oder halben Bananen in einen Standardmixer!

Beeren

Früchte einzufrieren ist einfach und sinnvoll. Entfernen Sie eventuell vorhandene Stiele (Johannisbeeren) oder Blütenansätze (Stachelbeeren). Damit sie nicht zusammenklumpen, breiten Sie die Beeren dann auf einem Tablett aus, das Sie für 2 Stunden in die Tiefkühltruhe stellen, bis die Beeren ganz gefroren sind. Dann erst füllen Sie sie in einen luftdichten Behälter um. So sind sie 6 Monate haltbar.

Ob frisch oder tiefgefroren, Beeren gehören zu den einfachsten, leckersten und farbenfrohesten Ergänzungen jeder Smoothie Bowl – und sie eignen sich auch ganz hervorragend als Toppings. Ein tolles Plus: Als echte Superfoods stecken Beeren voller guter Nährstoffe.

Brombeeren: Bei den Lebensmitteln mit dem höchsten Gehalt an Antioxidantien stehen Brombeeren mit ganz oben. Für aktive Sportler bringen sie deshalb große Vorteile. Außerdem enthalten sie Anthocyane, die die Auswirkungen von Alzheimer-Erkrankungen lindern und das Gehirn schützen können. 100 g Brombeeren liefern 6 g Ballaststoffe – mehr als alle anderen Beeren.

Heidelbeeren: Die in Heidelbeeren enthaltenen Antioxidantien können das Sehvermögen und die Gedächtnisleistung stärken sowie das Infektionsrisiko mindern. Sie sind eine gute Quelle für Ballaststoffe und Vitamin C.

Cranberrys: Die aus Nordamerika stammenden Cranberrys strotzen nur so vor Vitamin C und wertvollen Antioxidantien. Außerdem enthalten sie antibakterielle Stoffe, von denen man annimmt, dass sie Harnwegsinfektionen vorbeugen können.

Cremige Smoothie Bowls

Damit Ihre Smoothie Bowls noch cremiger werden, können Sie eine oder mehrere der folgenden Zutaten zugeben:

- Avocado
- Banane
- gefrorenes Obst
- Nussmus
- Getreideflocken, z. B. Hafer- oder Quinoaflocken
- gekochtes Getreide, z. B. Quinoa oder Hafer
- Seidentofu
- Nuss-, Reis- oder Sojamilch
- Joghurt (normal oder griechisch)
- Kokosflocken
- Kokosöl

Himbeeren enthalten Pflanzenwirkstoffe, die den Stoffwechsel in Fettzellen anregen, das Risiko extremen Übergewichts mindern und die Herzgesundheit verbessern können. Auch ihr Gehalt an antientzündlichen Antioxidantien ist hoch.

Erdbeeren: Reich an Vitamin C, Ballaststoffen und Kalium, sind Erdbeeren eine gute Quelle für Folsäure, die wichtig für ein gesundes Immunsystem ist. Wie bei den Himbeeren auch tragen die Pflanzenwirkstoffe der Erdbeeren zur Herzgesundheit bei.

Drachenfrucht

In Feinschmecker- und Asialäden oder auch online wird manchmal gefrorene Drachenfrucht angeboten. Holen Sie die Packung aus der Tiefkühltruhe und lassen Sie sie einige Minuten stehen. Schneiden Sie dann die Packung auf und drücken Sie das gefrorene Fruchtfleisch heraus.

Gesundheitstipp: Drachenfrucht ist eine gute Quelle für Vitamin C, Ballaststoffe und Eisen. Sie enthält auch 2 g Protein pro 200 g – für eine Frucht beachtlich viel.

Nüsse und Samen

In den Rezepten in diesem Buch werden viele verschiedene Nüsse und Samen verwendet, entweder als Zutat in den Smoothie Bowls selbst oder als Topping. Wählen Sie ungesalzene Nüsse und Samen. Stets vorrätig haben sollten Sie Mandeln, Walnüsse, Pekannüsse, Cashewkerne, Chia- und Hanfsamen sowie Sonnenblumen- und Kürbiskerne.

Nüsse und Samen einweichen

Wenn Sie keinen Hochleistungsmixer haben – oder Smoothies am liebsten ganz glatt mögen –, lohnt es sich, Nüsse und bestimmte Samen einzuweichen, ehe Sie sie in das Mixgefäß geben oder in der Pfanne rösten.

- Nüsse in eine Schale geben, mit warmem Wasser bedecken und 20–30 Minuten einweichen lassen. Abgießen und gut abtropfen lassen, dann in den Mixer geben.
- Sonnenblumen- und Kürbiskerne mit der doppelten Menge an warmem Wasser in eine Schale geben und mindestens 1 Stunde einweichen lassen. Abgießen und gut abtropfen lassen, dann in den Mixer geben.

Nüsse und Samen rösten

Durch Rösten bringen Sie das tolle Aroma von Nüssen und Samen erst richtig zum Vorschein und machen sie außerdem angenehm knusprig. Rösten Sie sie in einer trockenen Pfanne bei mittlerer Hitze und wenden Sie sie dabei häufig, bis sie schön goldbraun sind. Alternativ können Sie sie (je nach Größe) 5–15 Minuten unter gelegentlichem Wenden bei 180 °C im vorgeheizten Ofen goldbraun rösten. Im Anschluss lassen Sie sie vollständig abkühlen und geben Sie sie erst dann in den Mixer.

Gesundheitstipp: Chiasamen sind reich an Omega-3-Fettsäuren, Kohlenhydraten, Protein, Ballaststoffen, Antioxidantien und Kalzium. Die kleinen schwarzen Körner nehmen bis zum Zehnfachen ihres Eigengewichts an Wasser auf, gewinnen dadurch eine gelartige Konsistenz und dehnen sich im Magen aus, was das Gefühl der Sättigung verlängern kann.

Grünes Blattgemüse

Am besten macht sich das besonders gesunde, grüne Blattgemüse in Smoothie-Bowl-Rezepten in Kombination mit anderen Gemüsesorten, Früchten und/oder Kräutern. Einige meiner Lieblingsgemüse sind Grünkohl, Spinat und Rucola. In Smoothie Bowls erweisen sie sich als so nahrhaft und lecker, dass ich den »Grünen Kreationen« in diesem Buch ein eigenes Kapitel (Seite 40) eingeräumt habe.

Frisches Obst und Gemüse

Frisches Obst ist immer eine gute Wahl für eine Smoothie Bowl, wenn es gerade Saison hat und ganz frisch erhältlich ist. Denken Sie daran, dass Ihr Smoothie weniger dickflüssig wird, wenn Sie frisches Obst nehmen, und Sie deshalb mehr Eis brauchen als bei gefrorenem Obst.

Mir fällt kein frisches Obst ein, dass sich in einer Smoothie Bowl nicht hervorragend machen würde, aber es gibt auch etliche Gemüsesorten, die sich wunderbar eignen. Außer grünem Blattgemüse finden Sie in den Rezepten in diesem Buch Sellerie, Gurken, gekochte Rote Bete, Karotten sowie Kürbis (in pürierter Form).

Trockenfrüchte

Ob sie direkt mit in den Smoothie gemixt oder klein geschnitten als Topping aufgestreut werden – Trockenfrüchte liefern immer eine ganz konzentrierte Ladung an Nährstoffen und Aromen. Haben Sie keinen Hochleistungsmixer, denken Sie immer daran, die Früchte einzuweichen, ehe Sie sie in den Mixer geben. Große Früchte wie Aprikosen sollten Sie zudem vor dem Einweichen noch klein schneiden und anschließend 15–20 Minuten in die im Rezept vorgesehene Flüssigkeit legen, bis sie prall werden. Gießen Sie erst dann Früchte und Flüssigkeit zusammen in das Mixgefäß.

Nussmus

Nüsse und Nussmus verleihen Smoothie Bowls Aroma, Proteine und eine cremige Konsistenz. Ganze Nüsse kommen mit den gefrorenen Früchten in den Mixer (s. o.), Nussmus wird erst später mit den weichen Zutaten hinzugefügt.

Nussmus selbst zu machen ist leicht und kostengünstig. Als Beispiele finden Sie im Kapitel »Leckere Toppings« Zimt-Cashewmus (Seite 86) und Mandelmus (Seite 86). Wenn Sie Nussmus kaufen, sollten Sie – auch bei Erdnüssen – unbedingt zu ungesalzener Ware greifen.

Gerade beim Erdnussmus gibt es viele Produkte mit Salz, Zucker oder zugesetztem Öl (»Erdnussbutter«). Bevorzugen Sie auch hier das naturbelassene Grundprodukt in Bio-Qualität.

Kräuter

Frische Kräuter sorgen für frische Aromen, Antioxidantien und Vitamine in den Smoothie Bowls. Basilikum, Minze, Petersilie und Koriander sind einige meiner Lieblingskräuter. Fügen Sie sie am Ende – kurz vor dem Eis – hinzu oder streuen Sie sie ganz zum Schluss auf Ihre Smoothie Bowl.

Eis

Alle Rezepte in diesem Buch führen in der Zutatenliste Eiswürfel auf. Sie können aber gern auch zerstoßenes Eis verwenden. Um 4 Eiswürfel zu ersetzen, brauchen Sie 125–175 ml zerstoßenes Eis. Geben Sie es nach und nach hinzu und lassen Sie den Mixer weiterlaufen, bis die gewünschte Konsistenz erreicht ist.

Ist eine genaue Anzahl von Eiswürfeln aufgeführt (in der Regel 4), ist dies die Menge, die sich meiner Erfahrung nach in Kombination mit den anderen Zutaten am besten bewährt hat. Letztlich aber sollte sich die Konsistenz der Smoothie Bowls ganz nach Ihrem persönlichen Geschmack richten, das heißt, Sie können

Eiswürfel mit Streifen

Detox-Eiswürfeln zum Kühlen von Getränken können Sie ein schönes Streifendesign verleihen, indem Sie abwechselnd Wasser oder verschiedenfarbige Fruchtsäfte, Obst oder Kräuter in die Eiswürfelschale geben, jede Schicht aber für sich kurz gefrieren lassen und erst dann die nächste Schicht auftragen.

mehr oder weniger Eis nehmen, um die von Ihnen gewünschte Konsistenz zu erreichen.

Wird in einem Rezept beim Eis keine genaue Menge vorgegeben, liegt dies daran, dass es Zutaten (zum Beispiel »frisches oder gefrorenes Obst«) enthält, deren Wirkung sich nicht genau vorhersagen lässt. In diesen Fällen sollten Sie die Konsistenz nach dem Pürieren aller anderen Zutaten erst einmal prüfen und dann entscheiden, ob noch mehr Eis nötig ist oder nicht. Falls ja, geben Sie immer nur einen Eiswürfel auf einmal hinein, lassen Sie den Mixer laufen, bis das Eis glatt ist, und prüfen Sie dann die Konsistenz noch einmal, bevor Sie einen weiteren Würfel einmixen.

Eiswürfel mit Geschmack

Grundsätzlich können Sie aus jeder Flüssigkeit Eiswürfel zubereiten. Eiswürfel mit Geschmack geben Ihrer Smoothie Bowl einen ganz besonderen Pfiff. Denken Sie daran: Je höher der Zuckergehalt, desto weicher das Eis. Und beachten Sie, dass Eiswürfel aus anderen Flüssigkeiten schneller schmelzen als solche aus Wasser.

Bereiten Sie Eiswürfel aus Schokomilch, Mandelmilch, Kokosmilch, Kokoswasser, Tee, Kaffee oder jeder anderen Flüssigkeit zu, die Sie für ein Rezept verwenden möchten. Lassen Sie sie in einer Eiswürfelschale fest werden und bewahren Sie sie dann in einem luftdichten Behälter auf. Die Würfel halten sich mehrere Monate in der Tiefkühltruhe.

Detox-Eiswürfel

Eine perfekte Erfrischung an heißen Sommertagen sind Detox-Eiswürfel mit allerfeinsten Geschmacksnuancen. Zerkleinern Sie geschnittenes Obst (Himbeeren, Erdbeeren, Heidelbeeren, Zitronen, Limetten, Grapefruit, Orangen) und/oder Kräuter (frisches Basilikum oder Minze) so, dass sie in die Aushöhlungen einer Eiswürfelschale passen. Verteilen Sie sie auf die Schale, gießen Sie Wasser darüber, lassen Sie das Ganze gefrieren und setzen Sie es später bei passender Gelegenheit zur Verfeinerung Ihrer Smoothie Bowls ein.

Wassermelonenwürfel

Aus Wassermelonen geschnittene Würfel sind eine weitere tolle Alternative zu Eiswürfeln und können auch als Ersatz für frische oder gefrorene Wassermelone zum Einsatz kommen. Schneiden Sie das Fruchtfleisch einer kernlosen Wassermelone in Würfel, breiten Sie diese auf einem Tablett aus, bedecken Sie sie mit Plastikfolie und stellen Sie sie für 3 Stunden in die Tiefkühltruhe, bis die Würfel vollständig gefroren sind. Anschließend geben Sie sie in einen luftdichten Behälter und bewahren sie bis zu 2 Wochen in der Tiefkühltruhe auf.

Die Würfel machen sich nicht nur toll in Smoothies, sondern auch als gesunde Nascherei zum Lutschen – oder als farbenfrohe, herrlich kühlende Einlage für Wasser und andere sommerliche Durstlöscher.

Toppings für Ihre Smoothie Bowls

Wo die Wissenschaft des Pürierens aufhört, fängt die Kunst der Toppings an. Toppings sind das, was einen Smoothie zur Smoothie Bowl macht. Sie verleihen Farbe, Aroma, Konsistenz und Nährstoffe und erlauben jedem Einzelnen, seine ganz eigene Bowl – sein eigenes, essbares Kunstwerk – zu kreieren.

Das Bestreuen und Belegen mit Toppings ist eine Kunst der unbegrenzten Möglichkeiten. Beim Kombinieren und Mixen Ihrer Lieblingsaromen und -konsistenzen können Sie Ihrer Kreativität freien Lauf lassen. Hier einige meiner Favoriten:

- Knuspermüsli
- ungesüßtes Kakaopulver
- Schokotropfen
- frisches Obst in Würfeln oder Scheiben
- Nüsse
- Trockenfrüchte
- Samen
- Kokosflocken oder -chips
- gehackte, frische Kräuter
- gemahlene Gewürze

Gießen Sie den Smoothie zuerst in eine Schüssel, bevor Sie sich ans Garnieren machen. Bei jedem Rezept finden Sie ein paar Vorschläge, welche Toppings gut zu dieser speziellen Bowl passen. Und wenn Sie andere Ideen haben: Probieren Sie sie aus – Sie werden sehen, es macht richtig Spaß.

Top Ten: Tipps für Ihren Smoothie-Bowl-Erfolg

1. Um einen dickflüssigeren Smoothie zu erhalten, verwenden Sie so viel gefrorenes Obst wie möglich. Soll er dünnflüssiger werden, nehmen Sie mehr Flüssigkeit.
2. Kaufen Sie möglichst erntefrisches Obst und Gemüse der Saison und verbrauchen Sie es so rasch wie möglich.

Ist etwas in Ihrer Region nicht erntefrisch erhältlich, wählen Sie die Tiefkühlvariante.

3. Hat das von Ihnen gewählte Obst einen hohen Wasseranteil (wie zum Beispiel Wassermelone oder Orange), nehmen Sie weniger Flüssigkeit.
4. Entsaften Sie Obst und Gemüse selbst und verwenden Sie den so gewonnenen Saft für Ihre Smoothie Bowls.
5. Verwenden Sie Datteln zum Süßen anstelle von Süßungsmitteln wie Honig oder Sirup. Lassen Sie die Datteln 15–20 Minuten in der Flüssigkeit einweichen, die Sie für Ihr Rezept verwenden möchten.
6. Probieren Sie Ihre Smoothie Bowl, ehe Sie sie in eine Schale geben; vielleicht möchten Sie im Hinblick auf Geschmack oder Konsistenz noch etwas verändern.
7. Ist Ihre Smoothie Bowl zu süß, nehmen Sie mehr Eis, Wasser oder grünes Blattgemüse. Ist sie wegen des Gemüses ein wenig bitter, gleichen Sie dies mit süßen Früchten aus.
8. Gießen Sie Ihre Smoothie Bowl in dickwandige Müsli- oder Suppenschalen. Dünnwandige Schalen lassen die Zutaten schneller schmelzen.
9. Machen Sie es sich zur Angewohnheit, Ihre Toppings stets im Voraus vorzubereiten. So können Sie sie auf Ihre Smoothie Bowl geben, ehe diese zu schmelzen beginnt.
10. Servieren Sie Smoothie Bowls sofort oder stellen Sie sie für einige Minuten in die Tiefkühltruhe.

Smoothie-Probleme und ihre Lösungen

Ihre Smoothie Bowl ist nicht so geworden, wie Sie sich das vorgestellt haben? Hier finden Sie verschiedene Problemlösungen:

- **Problem:** Meine Smoothie Bowl ist zu dünn. **Lösung:** Geben Sie eine Zutat hinzu, die den Smoothie dickflüssiger macht, zum Beispiel Proteinpulver, Avocado, gefrorenes Obst oder Eis. Beim nächsten Mal nehmen Sie dann weniger Flüssigkeit.
- **Problem:** Meine Smoothie Bowl ist zu dickflüssig. **Lösung:** Gießen Sie ein wenig Flüssigkeit zu, rühren Sie mit einem Löffel um und pürieren Sie erneut. Diesen Vorgang wiederholen Sie, bis die gewünschte Konsistenz erreicht ist.
- **Problem:** Die Zutaten verbinden sich nicht so gut. **Lösung 1:** Sind gefrorene oder harte Früchte und Gemüse das Problem, nehmen Sie sie heraus und

gießen Sie etwas Flüssigkeit zu. Anschließend geben Sie die Stücke einzeln wieder hinzu und mixen jedes Mal gut durch. Beim nächsten Mal pürieren Sie dann Flüssiges und Hartes zuerst, ehe Sie die restlichen Zutaten zugeben. Wird die Mischung immer noch nicht glatt genug, gießen Sie zusätzliche Flüssigkeit ein.

- **Lösung 2:** Auch ein zu hoch befülltes Mixgefäß kann die Ursache des Problems sein. Bei großen Mengen geben

Hilfe – mir fehlt eine Zutat!

Sie wollen eine Smoothie Bowl mixen und stellen fest, dass Ihnen eine wichtige Zutat fehlt. Was machen Sie jetzt? Vor allem eines: Ruhe bewahren. Denn in den allermeisten Fällen können Sie die fehlende Zutat ganz leicht durch etwas anderes ersetzen. Hier einige meiner bewährten und superschnellen Ersatzlösungen:

- Anstelle der im Rezept angegebenen Milch können Sie jede andere Art von Flüssigkeit oder Pflanzenmilch verwenden. Denken Sie nur daran, dass sich der Süßegrad des Rezepts an der angegebenen Flüssigkeit orientiert; wenn Sie etwas anderes nehmen, kann es sein, dass Sie einen weniger süßen oder aber auch deutlich süßeren Smoothie bekommen. Passen Sie deshalb stets auch die Menge des Süßungsmittels an.
- Falls Sie kein Kokoswasser haben, ersetzen Sie es durch Wasser. (Sie können umgekehrt auch Kokoswasser statt Wasser verwenden, wenn Sie es gern etwas aromatischer hätten.)
- Nehmen Sie frisches anstelle von gefrorenem Obst, verwenden Sie dann aber weniger Eis.
- Ersetzen Sie gefrorenes durch frisches Obst, fügen Sie dann aber mehr Eis hinzu.
- Vanille- und Naturjoghurt sind untereinander austauschbar. Denken Sie nur daran, dass Vanillejoghurt mehr Zucker enthalten kann, was die Mischung süßer machen würde. Nehmen Sie in dem Fall weniger Süßungsmittel.
- Statt Honig können Sie zum Süßen jederzeit Agaven- oder Ahornsirup verwenden.

Sie die Zutaten lieber nach und nach zu und pürieren Sie sie, ehe Sie weiter nachfüllen.

- **Problem:** Meine Smoothie Bowl ist nicht süß genug. **Lösung:** Süßen Sie mit Honig, eingeweichten Datteln, Agaven- oder Ahornsirup nach. Mischen Sie das Süßungsmittel gut unter und pürieren Sie dann erneut.
- **Problem:** Meine Smoothie Bowl schmeckt bitter. **Lösung:** Geben Sie mehr Flüssigkeit und/oder mehr Obst hinzu.
- **Problem:** Meine Smoothie Bowl hat eine unansehnliche Färbung. **Lösung:** Verstecken Sie sie unter einer Auswahl bunter Toppings und trösten Sie sich damit, dass sie besser schmecken wird, als sie aussieht.
- **Problem:** Das Rezept ist nur für 2 Portionen, ich will aber Smoothie Bowls für 4 Personen machen. **Lösung:** Sie können jedes Rezept in diesem Besuch problemlos verdoppeln. Überprüfen Sie vorher jedoch, ob das Fassungsvermögen Ihres Mixers dafür ausreicht.

Smoothie Bowls für jede Tageszeit

Smoothie Bowls können Sie immer genießen: zum Frühstück, als schnelles Mittagessen, als Snack zwischendurch, zum Kaffee oder als leichtes Abendessen.

POWER AM MORGEN

Go, Grapefruit, go!

» Die Grapefruit, so heißt es, dämpft den Hunger und gibt viel Energie für einen aktiven Tag.

Für 1 Portion
10 Min.

200 g rote Grapefruit • 60 ml roter Grapefruitsaft • 1 TL flüssiger Honig • ½ gefrorene Banane (Seite 16) • 100 g Erdbeeren (TK) • Eiswürfel (optional)

Toppings
Erdbeerscheiben • Grapefruitscheiben • Heidelbeeren • Bananenscheiben • Klassisches Knuspermüsli (Seite 80)

- Grapefruit in Stücke schneiden. Grapefruitsaft, Honig, Banane, Erdbeeren und Grapefruit in einen Mixer geben. Deckel sicher verschließen und glatt pürieren. (Bei einem Mixer mit variabler Geschwindigkeit langsam beginnen und allmählich schneller werden.)

- Wird eine dickere Konsistenz gewünscht, Eiswürfel einzeln zugeben und weitermixen, bis der Smoothie schön glatt und dickflüssig ist.

Frühstück komplett

» Diese Bowl ist ein echtes Kraftpaket, denn sie vereint alles, was Sie für einen guten Start in den Tag brauchen: Proteine, Kohlenhydrate, Ballaststoffe, Antioxidantien, Vitamine und Mineralstoffe.

Für 2 Portionen
5–10 Min.

½ Pfirsich • 375 g griechischer Joghurt natur oder mit Vanillegeschmack • 1 TL gemahlene Leinsamen • ½ gefrorene Banane (Seite 16) • Eiswürfel

Toppings
Beeren • Sultaninen • getrocknete Cranberrys • Kokosraspel • gehackte Pekannüsse • gemahlene Leinsamen

- Pfirsich entsteinen und in Scheiben schneiden.

- Joghurt, Leinsamen, Banane und Pfirsich in einen Mixer geben. Deckel sicher verschließen und glatt pürieren. (Bei einem Mixer mit variabler Geschwindigkeit langsam beginnen und allmählich schneller werden). Eiswürfel einzeln zugeben und weitermixen, bis die gewünschte Konsistenz erreicht ist.

Frühstück to go

» Kokoswasser ist zum Auffüllen von Flüssigkeitsreserven hervorragend geeignet. Wenn Sie viel schwitzen, Sport oder Yogaübungen machen, ist es eine tolle Bereicherung Ihres Ernährungsplans.

Für 1 Portion
5–10 Min.

125 g griechischer Joghurt • 60 ml Kokoswasser • 1 TL flüssiger Honig • ¼ TL gemahlene Leinsamen • ½ gefrorene Banane (Seite 16) • 50 g Erdbeeren (TK) • 50 g Trockenpflaumen (alternativ Feigen oder Aprikosen • Eiswürfel (optional)

Toppings
Erdbeerscheiben • Bananenscheiben • Knuspermüsli • gemahlene Leinsamen

- Alle Zutaten in einen Mixer geben. Deckel sicher verschließen und glatt pürieren. (Bei einem Mixer mit variabler Geschwindigkeit langsam beginnen und allmählich schneller werden.)

- Wünschen Sie eine dickere Konsistenz, Eiswürfel einzeln zugeben und weitermixen, bis die erwünschte Konsistenz erreicht ist.

Frühstück to go

Erdnussmus-Bowl mit Erdbeergelee

» Eine überraschende Variante des guten, alten Toastbrots mit Erdnussbutter und Fruchtaufstrich – und eines der Lieblingsrezepte meines Sohnes.

Für 1 Portion
5–10 Min.

60 ml Milch • 1 EL Proteinpulver • 100 g Erdbeeren (TK) • 2 EL Erdnussmus • 1 EL Erdbeergelee • Eiswürfel (optional)

Toppings
Erdbeeren • Bananenscheiben • Knuspermüsli mit Erdnüssen

- Milch und Proteinpulver in einen Mixer geben. Deckel sicher verschließen und glatt pürieren. (Bei einem Mixer mit variabler Geschwindigkeit langsam beginnen und allmählich schneller werden.) Erdbeeren, Erdnussmus und Gelee dazugeben und gründlich untermixen.

- Wünschen Sie eine dickere Konsistenz, Eiswürfel einzeln zugeben und weitermixen, bis die Masse dickflüssig ist.

Variante Ersetzen Sie Erdnussmus durch Mandelmus.

Arme-Ritter-Bowl

» Als Kind habe ich sie geliebt, die Armen Ritter. Hier jetzt in einer viel gesünderen Variante – ein Power-Paket mit viel Energie für einen erfolgreichen Tag.

Für 1 Portion
5 Min.

125 ml ungesüßte Sojamilch mit Vanillegeschmack • 1 EL Ahornsirup • 1 TL Vanilleextrakt • 2 TL gemahlene Leinsamen • 1 TL gemahlener Zimt • ½ TL gemahlene Muskatnuss • 1 gefrorene Banane (Seite 16) • 4 Eiswürfel

Toppings
gemahlener Zimt oder Muskatnuss • Bananenscheiben • Würzige Pekannüsse (Seite 87) • gemahlene Leinsamen

- Alle Zutaten in einen Mixer geben. Deckel sicher verschließen und glatt pürieren. (Bei einem Mixer mit variabler Geschwindigkeit langsam beginnen und allmählich schneller werden.)

Variante Sojadrink durch eine andere Pflanzenmilch Ihrer Wahl ersetzen und statt Ahornsirup flüssigen Honig verwenden.

Erdnussmus-Bowl mit Erdbeergelee

Zimtschnecken-Smoothie-Bowl

» Zimt steht im Mittelpunkt dieser Kreation. Mit Leinsamen und Proteinpulver ist diese Smoothie Bowl ein Powerpaket.

Für 1 Portion
5–10 Min.

125 g griechischer Joghurt mit Vanillegeschmack • 1 TL flüssiger Honig • 2 TL Proteinpulver • 1 TL gemahlener Zimt • ¼ TL gemahlene Leinsamen • 1 gefrorene Banane (Seite 16) • 4 Eiswürfel

Toppings
gemahlener Zimt • Knuspermüsli mit Zimt und Ahornsirup • halbierte oder gehackte Pekannüsse • gemahlene Leinsamen

- Joghurt, Honig und Proteinpulver in einen Mixer geben. Deckel sicher verschließen und glatt pürieren. (Bei einem Mixer mit variabler Geschwindigkeit langsam beginnen und allmählich schneller werden.)

- Zimt, Leinsamen, Banane und Eiswürfel hinzufügen und weitermixen, bis der Smoothie schön glatt und dickflüssig ist.

Heidelbeer-Detox-Bowl

» Geriebene Ingwerwurzel und Orangenschale bilden ein angenehmes Gegengewicht zu Pfirsich und Heidelbeeren: Das ist Wellness pur!

Für 2 Portionen
5–10 Min.

2 EL frisch gepresster Orangensaft • 1 EL frisch gepresster Zitronensaft • 1 EL Wasser • 2 TL flüssiger Honig • 1 gefrorene Banane (Seite 16) • ½ gefrorener Pfirsich in Scheiben • 150 g frische Heidelbeeren • 1 TL abgeriebene Schale einer Bio-Orange • 1 TL geriebene Ingwerwurzel • Eiswürfel (optional)

Toppings
Heidelbeeren • Bananenscheiben • geriebene Bio-Orangenschale • Knuspermüsli • gemahlene Leinsamen

- Alle Zutaten in einen Mixer geben. Deckel sicher verschließen und glatt pürieren. (Bei einem Mixer mit variabler Geschwindigkeit langsam beginnen und allmählich schneller werden.)

- Wünschen Sie eine dickere Konsistenz, Eiswürfel einzeln zugeben.

Heidelbeer-Detox-Bowl

Gojibeeren-Bowl

» Greifen Sie beim Kauf von getrockneten Gojibeeren zu Früchten mit starker roter Färbung. Ihr Aroma harmoniert hervorragend mit den gefrorenen Beeren und sorgt für jede Menge Energie.

Für 1 Portion
5–10 Min.

125 g griechischer Joghurt • 60 ml frisch gepresster Orangensaft • 2 TL flüssiger Honig • 250–300 g Beerenmischung (TK) • 50 g Gojibeeren

Toppings
Heidelbeeren • Erdbeerscheiben • Knuspermüsli • gemahlene Leinsamen

● Joghurt, Orangensaft, Honig, Beerenmischung und Gojibeeren in einen Mixer geben. Deckel sicher verschließen und glatt pürieren. (Bei einem Mixer mit variabler Geschwindigkeit langsam beginnen und allmählich schneller werden.)

Tipp Gojibeeren finden Sie in Supermärkten, Bioläden und Reformhäusern. Bewahren Sie sie in einem luftdichten Behälter auf. Sie brauchen nicht gekühlt zu werden, halten so aber länger.

Drei-Beeren-Hafer-Bowl

» Wenn Sie Ihr Immunsystem richtig ankurbeln möchten, hat dieses Rezept genau die richtigen Zutaten. Die Beeren sorgen nicht nur für eine schöne Farbe, sondern enthalten auch viel Vitamin C.

Für 1 Portion
5–10 Min.

60 ml ungesüßte Mandelmilch • 50 g Haferflocken (Großblatt) • 2 TL gemahlene Leinsamen • 50 g Erdbeeren (TK) • 50 g Heidelbeeren (TK) • 80 g Brombeeren • Eiswürfel (optional)

Toppings
Erdbeerscheiben • Brombeeren • Heidelbeeren • Haferflocken • gemahlene Leinsamen

● Alle Zutaten in einen Mixer geben. Deckel sicher verschließen und glatt pürieren. (Bei einem Mixer mit variabler Geschwindigkeit langsam beginnen und allmählich schneller werden.)

Tipp Bewahren Sie gemahlene Leinsamen in einem luftdichten Behälter im Kühlschrank auf.

Drei-Beeren-Hafer-Bowl

Dattel-Mandelmus-Bowl

» Datteln mit Mandelmus, Milch und Kakao ergeben ein sättigendes Frühstück oder eine leckere Zwischenmahlzeit. Kaufen Sie entsteinte Datteln, dann ist die Weiterverarbeitung einfacher.

Für 1 Portion

5–10 Min.

60 ml ungesüßte Mandelmilch • 1 TL ungesüßtes Kakaopulver • 1 gefrorene Banane (Seite 16) • 75 g entsteinte Datteln • 2 EL Mandelmus (Seite 86) • Eiswürfel

Toppings

ungesüßtes Kakaopulver • Kokosraspel • gehackte Pekannüsse • gehackte Mandeln • Mini-Schokotropfen

- Mandelmilch, Kakaopulver, Banane, Datteln und Mandelmus in einen Mixer geben. Deckel sicher verschließen und glatt pürieren. (Bei einem Mixer mit variabler Geschwindigkeit langsam beginnen und allmählich schneller werden.)

- Eiswürfel einzeln zugeben und weitermixen, bis der Smoothie schön glatt und dickflüssig ist.

Birnenliebling

» Eine tolle Möglichkeit zur Verwertung überreifer Birnen. Ich nehme am liebsten Bartlett-Birnen, aber das Rezept gelingt ebenso gut mit anderen Birnensorten.

Für 1 Portion

10 Min.

1 reife Birne • 60 ml ungesüßte Mandelmilch • 2 TL Vanilleextrakt • 1 gefrorene Banane (Seite 16) • 4 Eiswürfel

Toppings

Birnenscheiben • Bananenscheiben • Chiasamen • gemahlene Leinsamen • Hanfsamen

- Birne in Streifen schneiden. Mit den anderen Zutaten in einen Mixer geben. Deckel sicher verschließen und glatt pürieren. (Bei einem Mixer mit variabler Geschwindigkeit langsam beginnen und allmählich schneller werden.)

Variante Für eine noch süßere Smoothie Bowl 1 TL flüssigen Honig in die Flüssigkeiten rühren.

Orangen-Bowl zum Aufwachen

» Gefrorenes Obst ist ebenso nährstoffreich wie frisches. Es wird vollreif gepflückt und blitzgefroren, behält also alle seine Vitamine und Mineralstoffe. Wählen Sie Ihre Lieblings-Obstmischung.

Für 2 Portionen
5–10 Min.

125 ml frisch gepresster Orangensaft • 1 Messbecher Proteinpulver • ½ gefrorene Banane (Seite 16) • 120 g Mischobst (TK) • Eiswürfel

Toppings
Himbeeren • Heidelbeeren • Bananenscheiben • Klassisches Knuspermüsli (Seite 80)

- Orangensaft und Proteinpulver in einen Mixer geben. Deckel sicher verschließen und glatt pürieren. (Bei einem Mixer mit variabler Geschwindigkeit langsam beginnen und dann schneller werden.)

- Banane und Mischobst zugeben und noch einmal gründlich pürieren. Eiswürfel einzeln zugeben und weitermixen, bis die gewünschte Konsistenz erreicht ist.

Kiwi-Kickstart

» Meine drei Kinder sind große Kiwi-Fans. Wie gut, dass Kiwis so gesund sind: Eine Kiwi hat 45 Kalorien, 10 g Kohlenhydrate, weniger als 0,5 g Fett und 2 g Ballaststoffe.

Für 1 Portion
10 Min.

½ Pfirsich • 3 Kiwis • 125 ml Kokoswasser • 1 EL flüssiger Honig • 1 gefrorene Banane (Seite 16) • Eiswürfel (optional)

Toppings
Kiwischeiben • Bananenscheiben • Kokosraspel • Bananenchips (Seite 82) • gemahlene Leinsamen

- Pfirsich in Scheiben schneiden, Kiwis schälen.

- Alle Zutaten in einen Mixer geben. Deckel sicher verschließen und glatt pürieren. (Bei einem Mixer mit variabler Geschwindigkeit langsam beginnen und allmählich schneller werden.)

Tipp In einem luftdichten Behälter können Sie geschnittene Kiwis im Kühlschrank bis zu 2 Tage aufbewahren.

GRÜNE BOWLS

Grünkohl-Birnen-Bowl

» Mit diesem grünen Kraftpaket kommen Sie gut durch den Tag, denn es versorgt Sie mit Energie und vielen Vitaminen, Mineral- und Ballaststoffen. Grünkohl ist übrigens eine gute Alternative zu tierischem Eiweiß.

Für 1 Portion
10–15 Min.

1 Bartlett-Birne • 35 g Grünkohlblätter • 60 ml ungesüßte Mandelmilch • ½ gefrorene Banane (Seite 16) • 50 g gefrorene grüne Trauben • 4 Eiswürfel

Toppings
Bananenscheiben • Birnenscheiben • grüne Trauben • Klassisches Knuspermüsli (Seite 80) • Hanfsamen

- Birne in Scheiben schneiden, Grünkohl grob hacken.

- Alle Zutaten in einen Mixer geben. Deckel sicher verschließen und glatt pürieren. (Bei einem Mixer mit variabler Geschwindigkeit langsam beginnen und allmählich schneller werden.)

Grüner-als-grün-Bowl

» Eine bekannte Gesundheits-Regel besagt: Pro Tag fünf Portionen Obst und Gemüse essen. Mit dieser Bowl schaffen Sie das locker – und bekommen jede Menge Energie zusätzlich.

Für 2 Portionen
⏲ 10–15 Min.

150 g junger Spinat • 50 g Romana-Salat • 50 g Staudensellerie • 60 ml Kokoswasser • ½ gefrorene Banane (Seite 16) • 40 g gefrorene grüne Trauben • 2 EL Korianderblätter (optional) • 1 TL abgeriebene Schale einer Bio-Zitrone • Eiswürfel

Toppings
Bananenscheiben • grüne halbierte Trauben • Kokosraspel • gehackte Pekannüsse • Hanfsamen • gemahlene Leinsamen

- Spinat, Salat und Staudensellerie grob hacken.
- Alle Zutaten in einen Mixer geben. Deckel sicher verschließen und glatt pürieren. Wünschen Sie eine dickere Konsistenz, Eiswürfel einzeln zugeben und weitermixen, bis der Smoothie schön dickflüssig ist.

Superfood-Bowl

» Mit vielen Superfoods ist diese Bowl ein echtes Kraftpaket. Gönnen Sie sich diese Smoothie Bowl zum Mittagessen oder als Belohnung nach dem Workout.

Für 2 Portionen
⏲ 15 Min.

200 g Ananas (frisch oder TK) • 75 g junger Spinat • 50 g Staudensellerie • 60 ml Wasser • 2 TL flüssiger Honig • 1 gefrorene Banane (Seite 16) • 130 g Himbeeren (frisch oder TK) • Eiswürfel

Toppings
Bananenscheiben • Ananasstücke • Himbeeren • Knuspermüsli

- Ananas in Stücke schneiden. Spinat und Staudensellerie grob hacken.
- Wasser, Honig, Banane, Ananas und Spinat in einen Mixer geben. Deckel sicher verschließen und glatt pürieren. (Bei einem Mixer mit variabler Geschwindigkeit langsam beginnen und allmählich schneller werden.)
- Himbeeren und Sellerie zugeben und noch einmal gründlich pürieren.

Superfood-Bowl

Spinat-Mandel-Bowl

» Meine Kinder meinten, der Name dieser Bowl sei ihnen »irgendwie unheimlich«. Spinat ist halt oft ein echter Kinderschreck. Aber dann haben sie doch alles ratzeputze aufgegessen und sind vergnügt spielen gegangen.

Für 1 Portion
10–15 Min.

150 g junger Spinat • 250 ml Kokoswasser • 1 TL Vanilleextrakt • 1 gefrorene Banane (Seite 16) • 2 EL Mandelmus (Seite 86) • Eiswürfel (optional)

Toppings
Bananenscheiben • Kokosraspel • Schnelles Müsli (Seite 80) • getrocknete Kirschen • grob gehackte Mandeln

- Spinat grob hacken. Kokoswasser, Vanilleextrakt, Banane, Spinat und Mandelmus in einen Mixer geben. Deckel sicher verschließen und glatt pürieren.

- Wird eine dickere Konsistenz gewünscht, Eiswürfel einzeln zugeben und weitermixen, bis der Smoothie schön glatt und dickflüssig ist.

Beeren-Bowl

» Die Haferflocken machen diese Mischung angenehm dickflüssig. Wenn Sie möchten, können Sie stattdessen aber auch 1 Messlöffel Proteinpulver nehmen.

Für 1 Portion
10 Min.

110 g junger Spinat • 60 ml ungesüßte Mandelmilch • 1 EL flüssiger Honig • 2 EL Haferflocken (Großblatt) • 80 g Brombeeren (frisch oder TK) • 130 g Erdbeeren (frisch oder TK) • Eiswürfel (optional)

Toppings
Brombeeren • Erdbeerenscheiben • Klassisches Knuspermüsli (Seite 80) • Haferflocken (Großblatt) • Kürbiskerne

- Spinat grob hacken.

- Mandelmilch, Honig, Haferflocken, Beeren und Spinat in einen Mixer geben. Deckel sicher verschließen und glatt pürieren. (Bei einem Mixer mit variabler Geschwindigkeit langsam beginnen und allmählich schneller werden.)

- Für eine dickere Konsistenz Eiswürfel einzeln zugeben und weitermixen.

Grüne-Beeren-Bowl

Brombeer-Kokosnuss-Bowl

» Wenn Sie sich angeschlagen fühlen, kann Ihnen diese Bowl dank ihrer tollen Superfoods wieder auf die Beine helfen. Aber auch sonst gibt sie Ihnen viel Kraft und Energie für den Tag.

Für 1 Portion
10–15 Min.

110 g junger Spinat • 75 ml ungesüßte Kokosmilch • ½ gefrorene Banane (Seite 16) • 80 g Brombeeren (TK) • Eiswürfel

Toppings
Bananenscheiben • Brombeeren • Knuspermüsli • Kokosflocken • Kürbiskerne

- Spinat grob hacken.
- Kokosmilch, Banane, Brombeeren und Spinat in einen Mixer geben. Deckel sicher verschließen und glatt pürieren. (Bei einem Mixer mit variabler Geschwindigkeit langsam beginnen und allmählich schneller werden.)
- Eiswürfel einzeln zugeben und weitermixen, bis der Smoothie dickflüssig ist.

Himbeer-Minze-Bowl

» Himbeeren und Minze sind die perfekte Smoothie-Kombination. Dazu noch Spinat, Bananen, Limetten und Honig – ein Traum! Und richtig gesund ist die Smoothie Bowl noch dazu.

Für 2 Portionen
5–10 Min.

60 ml Wasser • 2 EL frisch gepresster Limettensaft • 1 EL flüssiger Honig • 1 gefrorene Banane (Seite 16) • 130 g Himbeeren (frisch oder TK) • 75 g junge Spinatblätter • 2 EL frische Minzeblätter • Eiswürfel (optional)

Toppings
Bananenscheiben • Klassisches Knuspermüsli (Seite 80) • Sonnenblumenkerne • frische Minzeblätter

- Alle Zutaten in einen Mixer geben. Deckel sicher verschließen und glatt pürieren. (Bei einem Mixer mit variabler Geschwindigkeit langsam beginnen und allmählich schneller werden.)
- Für eine dickere Konsistenz Eiswürfel einzeln zugeben und weitermixen.

Erdbeer-Avocado-Bowl

» Diese Smoothie Bowl mache ich ziemlich häufig, sage meinen Kindern aber nicht, dass sie Avocado enthält, denn da stehen sie nicht so drauf.

Für 2 Portionen
10–15 Min.

60 ml ungesüßter Mandelmilch • 1 TL flüssiger Honig • ½ gefrorene Banane (Seite 16) • 150 g gefrorene Ananasstücke • 130 g Erdbeeren (frisch oder TK) • ½ Avocado • 1 TL Chiasamen • Eiswürfel (optional)

Toppings
Bananenscheiben • Erdbeerscheiben • Studentenfutter • Chiasamen

- Mandelmilch, Honig, Banane, Ananas und Erdbeeren in einen Mixer geben. Deckel sicher verschließen und glatt pürieren. (Bei einem Mixer mit variabler Geschwindigkeit langsam beginnen und allmählich schneller werden.)

- Avocado und Chiasamen zugeben und noch einmal gründlich pürieren. Für eine dickere Konsistenz Eiswürfel einzeln zugeben und weitermixen.

Kirsch-Grünkohl-Bowl

» Außerhalb der Kirschenzeit können Sie für dieses Rezept gut tiefgefrorene Kirschen verwenden. Sie werden reif gepflückt und blitzgefroren, sind also ebenso süß. Und das Beste: Meist sind sie schon entsteint.

Für 1 Portion
10–15 Min.

125 g entsteinte Kirschen (frisch oder TK) • 25 g Grünkohlblätter • 60 ml Kokoswasser • ½ gefrorene Banane (Seite 16) • 4 Eiswürfel

Toppings
Bananenscheiben • entsteinte Kirschen • Kokosraspel • Knuspermüsli • getrocknete Kirschen

- Kirschen ggf. entsteinen und Grünkohl grob schneiden.

- Alle Zutaten in einen Mixer geben. Deckel sicher verschließen und glatt pürieren. (Bei einem Mixer mit variabler Geschwindigkeit langsam beginnen und allmählich schneller werden.)

Tipp Halten Sie in der Tiefkühltruhe stets überreife Bananen bereit.

Energieschub-Bowl

» Die Kombination aus Kirschen, Spinat und frischer Birne macht diese Bowl zu einem wahren Kraftpaket, das bei Ihnen neue Energie freisetzen wird. Wählen Sie eine Birne mit aromatischem Duft, das verdoppelt den Genuss.

Für 1–2 Portionen
⏲ 10–15 Min.

1 Bartlett-Birne • 75 g junger Spinat • 75 ml ungesüßte Mandelmilch • ½ gefrorene Banane • 100 g entsteinte Kirschen (TK) • Eiswürfel (optional)

Toppings
Bananenscheiben • Birnenscheiben • Klassisches Knuspermüsli (Seite 80)

- Birne in Scheiben schneiden, Spinat grob hacken.
- Alle Zutaten in einen Mixer geben. Deckel sicher verschließen und glatt pürieren. (Bei einem Mixer mit variabler Geschwindigkeit langsam beginnen und allmählich schneller werden.)
- Für eine dickere Konsistenz Eiswürfel einzeln zugeben und weitermixen.

Basilikum-Melonen-Bowl

» Eine meiner grünen Lieblings-Bowls, randvoll mit gesunden, frischen, aromatischen Zutaten. Basilikum wirkt antibakteriell und kann vor Krankheitserregern schützen. Spinat enthält viele Vitamine und Mineralstoffe.

Für 2 Portionen
⏲ 15 Min.

150 g junger Spinat • ¼ Honigmelone oder Cantaloupe • 50 g Gurke • 60 ml Wasser • 1 EL flüssiger Honig • 1 gefrorene Banane (Seite 16) • ¼ Bund Basilikum • Eiswürfel

Toppings
Bananenscheiben • Melonenwürfel • Gurkenscheiben • gehackte Basilikumblätter

- Spinat grob hacken. Melone und Gurke schälen, entkernen und würfeln.
- Alle Zutaten in einen Mixer geben. Deckel sicher verschließen und glatt pürieren. (Bei einem Mixer mit variabler Geschwindigkeit langsam beginnen und allmählich schneller werden.)
- Für eine dickere Konsistenz Eiswürfel einzeln zugeben und weitermixen.

Basilikum-Melonen-Bowl

Ingwer-Birnen-Bowl

» Gönnen Sie sich diesen schnellen Power-Mix mit den wertvollen Nährstoffen aus Trauben, Ingwer, Spinat und Birne. Leckeres Knuspermüsli als Topping können Sie kaufen oder selbst machen.

Für 1 Portion

10 Min.

1 Birne • 75 g junge Spinatblätter • 60 ml Kokoswasser • 75 g rote Trauben • 1 TL geriebener Ingwer • 4 Eiswürfel

Toppings

Trauben • Birnenscheiben • Kokosraspel • Klassisches Knuspermüsli (Seite 80)

- Birne in Scheiben schneiden, Spinat grob hacken. Alle Zutaten in einen Mixer geben. Deckel sicher verschließen und glatt pürieren. (Bei einem Mixer mit variabler Geschwindigkeit langsam beginnen und allmählich schneller werden.)

Tipp Trauben in einer Schicht auf einem Tablett ausbreiten und in die Tiefkühltruhe stellen. Sobald sie gut durchgefroren sind, in einen Gefrierbeutel geben.

Petersilien-Birnen-Bowl

» Birnen sind eine gute Quelle für Kalium und die Vitamine B_2, C und E. Achten Sie darauf, nur reife Birnen zu verwenden. Falls Petersilie nicht so Ihr Fall ist, ersetzen Sie sie einfach durch andere Kräuter.

Für 2 Portionen

10–15 Min.

1 Pfirsich • 2 Barlett-Birnen • 60 ml Wasser • 1 gefrorene Banane (Seite 16) • ½ Avocado • ⅓ Bund frische Petersilie • Eiswürfel (optional)

Toppings

Birnenscheiben • Bananenchips (Seite 82) • gemahlene Leinsamen

- Pfirsich und Birnen in Scheiben schneiden.
- Alle Zutaten in einen Mixer geben. Deckel sicher verschließen und glatt pürieren. (Bei einem Mixer mit variabler Geschwindigkeit langsam beginnen und allmählich schneller werden.)
- Wünschen Sie eine dickere Konsistenz, Eiswürfel einzeln zugeben und weitermixen, bis der Smoothie schön glatt ist.

Grüne Pfirsich-Bowl

» Ein großer Pfirsich hat nur 68 Kalorien und 0 g Fett. Fügen Sie frischen Spinat, Banane und Vanille hinzu und im Handumdrehen haben Sie eine gesunde, grüne Smoothie Bowl mit jeder Menge Energie.

Für 2 Portionen
10 Min.

120 g junger Spinat • 60 ml Wasser • 1 TL Vanilleextrakt • 1 Messbecher Proteinpulver Vanille • ½ gefrorene Banane • 1 gefrorener Pfirsich in Scheiben • 4 Eiswürfel

Toppings
Bananenscheiben • Pfirsichscheiben • Sesamsamen • gemahlene Leinsamen

- Spinat grob hacken.
- Wasser, Vanilleextrakt und Proteinpulver in einen Mixer geben. Deckel sicher verschließen und glatt pürieren. (Bei einem Mixer mit variabler Geschwindigkeit langsam beginnen und allmählich schneller werden.) Banane, Pfirsich, Spinat und Eis zugeben und weitermixen, bis der Smoothie schön glatt und dickflüssig ist.

Grüne Bombe

» Diese tolle grüne Smoothie Bowl steckt voller Zutaten, die das Immunsystem stärken und für jede Menge Power sorgen. Übrigens: Bananenchips als Topping können Sie ganz leicht selbst machen.

Für 1 Portion
10–15 Min.

2 Kiwis • ½ Honigmelone • 60 ml Kokoswasser • 1 gefrorene Banane (Seite 16) • 1 TL geriebene Ingwerwurzel • Eiswürfel (optional)

Toppings
Bananenscheiben • Kiwischeiben • Bananenchips (Seite 82) • Knuspermüsli • Chiasamen

- Kiwis schälen, Honigmelone schälen und würfeln. Alle Zutaten in einen Mixer geben. Deckel sicher verschließen und glatt pürieren. (Bei einem Mixer mit variabler Geschwindigkeit langsam beginnen und allmählich schneller werden.)
- Für eine dickere Konsistenz Eiswürfel einzeln zugeben und weitermixen, bis der Smoothie glatt ist.

Wassermelone-Grünkohl-Bowl

» Wassermelone enthält reichlich Vitamine, Mineralstoffe, Nährstoffe und – Wasser. In dieser Smoothie Bowl harmoniert sie bestens mit einem zweiten Nährstoff-Kraftpaket, dem Grünkohl.

Für 1–2 Portionen
10–15 Min.

125 g frische oder gefrorene Wassermelone • 35 g Grünkohlblätter • 3 EL Wasser • 1 TL flüssiger Honig • ½ gefrorene Banane (Seite 16) • Eiswürfel (optional)

Toppings
Wassermelonenwürfel • Knuspermüsli (Seite 80) • Hanfsamen • Chiasamen

- Wassermelone würfeln, Grünkohlblätter grob hacken.
- Alle Zutaten in einen Mixer geben. Deckel sicher verschließen und glatt pürieren. (Bei einem Mixer mit variabler Geschwindigkeit langsam beginnen und allmählich schneller werden.)
- Für eine dickere Konsistenz Eiswürfel einzeln zugeben und weitermixen, bis der Smoothie glatt ist.

Rucola-Gurken-Bowl

» Rucola und Gurken gehören in der Gemüseabteilung zu meinen Lieblingen. Kombinieren Sie sie in einer Smoothie Bowl mit grünen Trauben und Bananen zu einem supergesunden Frühstück oder Snack.

Für 1–2 Portionen
10–15 Min.

150 g Gurke • 60 ml Wasser • ½ gefrorene Banane (Seite 16) • 110 g gefrorene grüne Trauben • 45 g Rucola • 1 TL Hanfsamen • Eiswürfel (optional)

Toppings
Bananenscheiben • grüne Trauben • Klassisches Knuspermüsli (Seite 80) • Hanfsamen

- Gurke schälen, entkernen und würfeln.
- Alle Zutaten in einen Mixer geben. Deckel sicher verschließen und glatt pürieren. (Bei einem Mixer mit variabler Geschwindigkeit langsam beginnen und allmählich schneller werden.)
- Für eine dickere Konsistenz Eiswürfel einzeln zugeben und weitermixen.

Rucola-Gurken-Bowl

Grüne Kokosnuss-Bowl

» Grünkohl ist reich an Vitamin K, A und C sowie an Eisen, Kalzium und Ballaststoffen. Dieses Rezept habe ich für Freunde meiner Kinder gemixt und sie waren ganz begeistert.

Für 1 Portion

10–15 Min.

35 g Grünkohlblätter • 60 ml ungesüßte Kokosmilch • ½ gefrorene Banane (Seite 16) • 50 g gefrorene Mangowürfel • 2 EL Kokosraspel oder -flocken • Eiswürfel (optional)

Toppings

Bananenscheiben • Heidelbeeren • Himbeeren • Kokosraspel oder -flocken • Knuspermüsli (Seite 80) • Chiasamen

- Grünkohlblätter gut waschen und grob hacken. Alle Zutaten in einen Mixer geben und glatt pürieren. (Bei einem Mixer mit variabler Geschwindigkeit langsam beginnen und allmählich schneller werden.)

- Für eine dickere Konsistenz Eiswürfel einzeln zugeben und weitermixen.

Grüne Mango-Bowl

» Gönnen Sie sich einen frischen Start in den Tag oder einen Energieschub für zwischendurch mit dieser Smoothie Bowl voll leckerer Vitamine.

Für 2 Portionen

15 Min.

100 g junger Spinat • 2 Kiwis • 100 g Ananas • 150 ml griechischer Joghurt • 60 ml Wasser • 60 ml ungesüßte Mandelmilch • ½ Messbecher Proteinpulver • 1 TL flüssiger Honig • 300 g gefrorene Mangwürfel • 1 reife Banane • Eiswürfel (optional)

Toppings

Kiwischeiben • Bananenscheiben • Ananaswürfel • zerbröselte Grünkohlchips (Seite 82) • Mandelblättchen

- Spinat grob hacken, Kiwis schälen, Ananas schälen und würfeln.

- Joghurt, Wasser, Mandelmilch und Proteinpulver in einen Mixer geben. Deckel sicher verschließen und glatt pürieren.

- Honig, Mango, Spinat, Kiwis, Banane und Ananas zugeben und pürieren.

Detox auf Karibisch

» Wenn Sie das Gefühl haben, zu viel gegessen zu haben und sich entgiften zu müssen ist dieses Rezept besonders gut geeignet.

Für 1 Portion
10–15 Min.

35 g Grünkohlblätter • 200 g Ananas (frisch oder TK) • 1 TL geriebene Ingwerwurzel (optional) • 60 ml Kokoswasser • ½ TL gemahlene Leinsamen • ½ gefrorene Banane (Seite 16)

Toppings
Bananenscheiben • Ananaswürfel • Klassisches Knuspermüsli (Seite 80) • Kokosraspel • gemahlene Leinsamen

- Grünkohlblätter grob hacken, frische Ananas würfeln, Ingwer reiben.

- Alle Zutaten in einen Mixer geben. Deckel sicher verschließen und glatt pürieren.

- Für eine dickere Konsistenz Eiswürfel einzeln zugeben und weitermixen.

Heidelbeer-Leinsamen-Bowl

» Leinsamen sind eine tolle Quelle für Omega-3-Fettsäuren und Ballaststoffe. Bestimmt wird niemandem auffallen, dass Sie sie zu diesem Rezept hinzugefügt haben. Leinsamen können Sie auch ins Müsli geben.

Für 1 Portion
5–10 Min.

125 ml Heidelbeerjoghurt • 60 ml ungesüßter Apfelsaft • 1 TL gemahlene Leinsamen • 1 gefrorene Banane (Seite 16) • 250 g Heidelbeeren (frisch oder TK) • 500 g Babyspinat oder Rucola • Eiswürfel (optional)

Toppings
Bananenscheiben • Heidelbeeren • Klassisches Knuspermüsli (Seite 80) • gemahlene Leinsamen

- Alle Zutaten in einen Mixer geben. Deckel sicher verschließen und glatt pürieren. Für eine dickere Konsistenz Eiswürfel einzeln zugeben und weitermixen, bis der Smoothie schön glatt und dickflüssig ist.

Variante Dieses Rezept können Sie allen Beerensorten zubereiten.

KRAFTPAKETE FÜR ZWISCHENDURCH

Granatapfel-Beeren-Bowl

» Granatapfelsaft und Beeren sorgen für eine volle Ladung Antioxidantien. Zusätzliches Protein und eine dickflüssigere Konsistenz liefert 1 EL Proteinpulver. Pürieren Sie das Pulver mit dem Granatapfelsaft, ehe Sie die restlichen Zutaten zugeben.

Für 1 Portion
5–10 Min.

60 ml ungesüßter Granatapfelsaft • ½ gefrorene Banane (Seite 16) • 75 g Heidelbeeren • 50 g Himbeeren • 4 Eiswürfel

Toppings
Bananenscheiben • Himbeeren • Heidelbeeren • Granatapfelkerne • getrocknete Maulbeeren • Chiasamen

● Granatapfelsaft, Banane, Heidelbeeren, Himbeeren und Eis in einen Mixer geben. Deckel sicher verschließen und glatt pürieren. (Bei einem Mixer mit variabler Geschwindigkeit langsam beginnen und allmählich schneller werden.)

Tipp Wählen Sie schön rote, pralle Himbeeren ohne Anzeichen von Schimmelbildung.

Mandelmus-Erdbeer-Bowl

» Diese traumhafte Smoothie Bowl ist nach einem intensiven Work-out genau das Richtige. Um sie noch proteinreicher zu machen, vermixen Sie 1 EL Proteinpulver mit der Mandelmilch, ehe die restlichen Zutaten dazukommen.

Für 1 Portion
5–10 Min.

60 ml ungesüßte Mandelmilch • ½ gefrorene Banane (Seite 16) • 150 g Erdbeeren (frisch oder TK) • 100 g Heidelbeeren (frisch oder TK) • 1 TL Mandelmus (Seite 86) • Eiswürfel (optional)

Toppings
Erdbeeren • Heidelbeeren • Mandeln • Chiasamen • gemahlene Leinsamen

- Mandelmilch, Banane, Erdbeeren, Heidelbeeren und Mandelmus in einen Mixer geben. Deckel fest schließen und glatt pürieren. (Bei einem Mixer mit variabler Geschwindigkeit langsam beginnen und allmählich schneller werden.)

- Für eine dickere Konsistenz Eiswürfel einzeln zugeben und weitermixen, bis der Smoothie schön glatt ist.

Pistazien-Vanille-Bowl

» Wussten Sie, dass Pistazien reich an Kalium und Ballaststoffen sind? Ich bevorzuge rohe Pistazien. Sie können aber auch ungesalzene, geröstete Pistazien nehmen.

Für 1 Portion
5 Min. + 30 Min. Einweichzeit

50 g Pistazien • 175 ml Mandelmilch mit Vanillegeschmack • 2 TL flüssiger Honig • 1 Messlöffel Proteinpulver mit Vanillegeschmack • 1 gefrorene Banane (Seite 16) • Eiswürfel (optional)

Toppings
Matchapulver • gemahlener Zimt • Bananenscheiben • Pistazien

- Pistazien in eine Schüssel geben und mit warmem Wasser bedecken. Nach 20–30 Min. abgießen.

- Mandelmilch, Honig und Proteinpulver in einen Mixer geben. Deckel sicher verschließen und glatt pürieren. Banane und Pistazien zugeben und erneut pürieren.

- Für eine dickere Konsistenz Eiswürfel einzeln zugeben und weitermixen.

Açai-Avocado-Bowl

» Avocado macht Smoothie Bowls so richtig schön cremig und enthält absolut herzfreundliche, ungesättige Fettsäuren. Übrigens: Meine Kinder würden nie darauf kommen, dass sich in der Bowl eine halbe Avocado versteckt.

1–2 Portionen
5–10 Min.

60 ml Wasser • 150 g Açaipüree • ½ gefrorene Banane (Seite 16) • ½ Avocado • 100 g Erdbeeren • Eiswürfel

Toppings
Bananenscheiben • Erdbeerscheiben • Klassisches Knuspermüsli (Seite 80) • Chiasamen • Hanfsamen

• Wasser, Açaipüree und Banane in einen Mixer geben. Deckel sicher verschließen und glatt pürieren. Avocado und Erdbeeren zugeben und erneut pürieren.

• Wird eine dickere Konsistenz gewünscht, Eiswürfel einzeln zugeben und weitermixen, bis die Bowl schön cremig ist.

Lila Power

» Diese Smoothie Bowl hat eine wunderschöne lila Farbe und enthält jede Menge Superfood für den Energiekick zwischendurch. Und falls Grünkohl nicht so Ihr Ding ist: Den schmecken Sie garantiert nicht heraus!

Für 1 Portion
5–10 Min.

35 g Grünkohlblätter • 125 ml griechischer Joghurt • 60 ml ungesüßter Granatapfelsaft • 1 TL flüssiger Honig • 80 g Brombeeren (frisch oder TK) • 80 g Heidelbeeren (frisch oder TK) • Eiswürfel (optional)

Toppings
Heidelbeeren • Klassisches Knuspermüsli (Seite 80) • Chiasamen

• Grünkohlblätter grob hacken.

• Alle Zutaten in einen Mixer geben. Deckel sicher verschließen und glatt pürieren. (Bei einem Mixer mit variabler Geschwindigkeit langsam beginnen und allmählich schneller werden.)

• Für eine dickere Konsistenz Eiswürfel einzeln zugeben und weitermixen.

Kokos-Cantaloupe-Bowl

» Genießen Sie den Geschmack des Sommers ab sofort zu jeder Jahreszeit mit gefrorener Cantaloupe-Melone, Ananas und einem Hauch Kokosnuss. Ein erfrischendes Kraftpaket – ganz schnell und einfach zubereitet.

Für 2 Portionen

5 Min.

125 ml Kokoswasser • 1 gefrorene Banane (Seite 16) • ⅓ gefrorene Cantaloupe-Melonenwürfel • 200 g gefrorene Ananaswürfel • Eiswürfel (optional)

Toppings

Bananenscheiben • Cantaloupe-Würfel • getrocknete Ananasstücke • Kokosraspel • Knuspermüsli (Seite 80) • gehackte Pekannüsse • gemahlene Leinsamen

- Kokoswasser, Banane, Melone und Ananas in einen Mixer geben. Deckel sicher verschließen und glatt pürieren. (Bei einem Mixer mit variabler Geschwindigkeit langsam beginnen und allmählich schneller werden.) Für eine dickere Konsistenz Eiswürfel einzeln zugeben und weitermixen, bis der Smoothie schön glatt und dickflüssig ist.

Wassermelone-Minze-Bowl

» Frische Minze und leckere Wassermelone vereinen sich hier zu einer wunderbar erfrischenden, supergesunden Kombi. Sie können die Minze auch durch Basilikum ersetzen. Probieren Sie beide Variante aus!

Für 1 Portion

10 Min.

160 g kernlose Wassermelone • 60 ml Kokoswasser • ½ gefrorene Banane (Seite 16) • 1 EL frische Minzeblätter • 4 Eiswürfel

Toppings

Bananenscheiben • gewürfelte Wassermelone • Chiasamen • gehackte Minze

- Wassermelone in Würfel schneiden und schälen.

- Alle Zutaten in einen Mixer geben. Deckel sicher verschließen und glatt pürieren.

Tipp Falls Sie fertig geschnittene Melone kaufen, achten Sie auf helle, feste Schnittflächen ohne dunkle, matschige Stellen.

Kokos-Cantaloupe-Bowl

Sahnige Pfirsich-Bowl

» Diese Bowl schmeckt genauso gut, wie sie klingt – morgens, nachmittags oder abends ... Und gesund ist sie auch noch! Ungesüßte Mandelmilch verstärkt auf angenehme Weise das feine Vanille-Aroma dieser leckeren Power-Bowl.

Für 1 Portion
5–10 Min.

60 ml ungesüßter Mandelmilch • 1 Messlöffel Proteinpulver Vanille • 1 gefrorene Banane (Seite 16) • 1½ gefrorene Pfirsichscheiben • Eiswürfel (optional)

Toppings
Bananenscheiben • Pfirsichscheiben • Kokosraspel • Chiasamen • gemahlene Leinsamen

• Mandelmilch und Proteinpulver in einen Mixer geben. Deckel sicher verschließen und glatt pürieren. Banane und Pfirsich zugeben und erneut pürieren.

• Wird eine dickere Konsistenz gewünscht, Eiswürfel einzeln zugeben und weitermixen, bis die gewünschte Konsistenz erreicht ist.

Super-Ballaststoff-Bowl

» Trockenpflaumen sind eine gute Quelle für Kalium, Eisen und Ballaststoffe und unterstützen die Verdauung. Für eine Portion Extra-Nährstoffe 1 EL Proteinpulver mit dem Apfelsaft vermischen, ehe die übrigen Zutaten dazukommen.

Für 1 Portion
5–10 Min.

60 ml ungesüßter Apfelsaft • ½ TL gemahlene Leinsamen • 150 g gefrorene Erdbeeren • 50 g Trockenpflaumen • 4 Eiswürfel

Toppings
Erdbeeren • Kokosraspel • gehackte Mandeln • Sesamsamen • Hanfsamen • gemahlene Leinsamen

• Alle Zutaten in einen Mixer geben. Deckel sicher verschließen und glatt pürieren. (Bei einem Mixer mit variabler Geschwindigkeit langsam beginnen und allmählich schneller werden.)

Tipp Trockenpflaumen können Sie in einem luftdichten Behälter bis zu 6 Monate aufbewahren. Im Kühlschrank halten sie sich bis zu 9 Monate, in der Tiefkühltruhe bis zu 1 Jahr.

Nimm-mich-mit-Bowl

» Der Leinsamen in dieser Smoothie Bowl bereichert Ihre Ernährung um wichtige Omega-3-Fettsäuren und Ballaststoffe. Wenn Sie Knuspermüsli als Topping verwenden, erhöhen Sie die Balaststoffanteil zusätzlich.

Für 1 Portion
5–10 Min.

125 ml griechischer Joghurt mit Erdbeergeschmack • 1 Messbecher Proteinpulver • 1 TL gemahlene Leinsamen • 100 g gefrorene Ananaswürfel • 75 g Erdbeeren • Eiswürfel (optional)

Toppings

Ananaswürfel • Erdbeerscheiben • Knuspermüsli (Seite 80) • Chiasamen

• Joghurt und Proteinpulver in einen Mixer geben. Deckel sicher verschließen und glatt pürieren. Leinsamen, Ananas und Erdbeeren hinzufügen und erneut pürieren.

• Für eine dickere Konsistenz Eiswürfel einzeln zugeben und weitermixen, bis der Smoothie glatt ist.

Fühl-dich-besser-Bowl

» Mit dieser fruchtig-leckeren Smoothie Bowl tanken Sie Gesundheit und jede Menge Energie. Wenn Sie keine frischen Beeren bekommen, verwenden Sie einfach tiefgefrorene Beeren und lassen die Eiswürfel weg.

Für 1 Portion
5–10 Min.

75 g junger Spinat • 60 ml ungesüßter Granatapfelsaft • ½ Avocado • 50 g Erdbeeren • 50 g Heidelbeeren • 4 Eiswürfel

Toppings

Erdbeerscheiben • Heidelbeeren • getrocknete Maulbeeren • Granatapfelkerne

• Spinat grob hacken. Alle Zutaten in einen Mixer geben. Deckel sicher verschließen und glatt pürieren. (Bei einem Mixer mit variabler Geschwindigkeit langsam beginnen und allmählich schneller werden.)

Tipp Beträufeln Sie die Schnittfläche der übrigen Avocadohälfte mit Zitronen- oder Limettensaft, damit sie nicht braun wird, und bewahren Sie sie in einem luftdichten Behälter im Kühlschrank auf.

Sorbet-Bowl

›› Wenn Sie gern Fruchtsorbet essen, werden Sie von dieser Smoothie Bowl begeistert sein. Das Proteinpulver können Sie auch weglassen; geben Sie dann einfach Obst und Eis mit dem Orangensaft in den Mixer und pürieren Sie das Ganze wie beschrieben.

Für 1 Portion
5–10 Min.

1 kleine Orange • 60 ml frisch gepresster Orangensaft • 1 EL Proteinpulver mit Vanillegeschmack • 1 gefrorene Banane (Seite 16) • 4 Eiswürfel

Toppings
gemahlener Zimt • Bananenscheiben • abgeriebene Orangenschale • Knuspermüsli (Seite 80) • gehackte Pekannüsse

- Orange in Scheiben schneiden.

- Orangensaft und Proteinpulver in einen Mixer geben. Deckel sicher verschließen und glatt pürieren. Banane, Orange und Eis zugeben und erneut pürieren, bis der Smoothie schön glatt und dickflüssig ist.

Tropische Mischung

›› Die Farbe dieser Mischung wird Sie an einen Sonnenuntergang am Strand erinnern. Hören Sie die Wellen und spüren Sie die leichte Brise? Das ist Urlaubsfeeling pur – und dazu noch super gesund mit ganz vielen leckeren Vitaminen.

Für 2 Portionen
5–10 Min.

250 ml griechischer Joghurt • 60 ml Kokoswasser • 1 gefrorene Banane (Seite 16) • 150 g gefrorene Mangowürfel • 200 g gefrorene Ananaswürfel • Eiswürfel (optional)

Toppings
Bananenscheiben • Kiwischeiben • Gojibeeren • Kokosraspel

- Joghurt, Kokoswasser, Banane, Mango und Ananas in einen Mixer geben. Deckel sicher verschließen und glatt pürieren. (Bei einem Mixer mit variabler Geschwindigkeit langsam beginnen und allmählich schneller werden.)

- Wünschen Sie eine dickere Konsistenz, Eiswürfel einzeln zugeben und weitermixen, bis der Smoothie schön glatt ist.

Sorbet-Bowl

BBB – Bete-und-Beeren-Bowl

» Rote Bete mag als Zutat für eine Smoothie Bowl auf den ersten Blick ungewohnt erscheinen. Sie schmeckt aber leicht süßlich und harmoniert so ganz wunderbar mit den Beeren. Auch ihre Farbe ist unübertroffen!

Für 1–2 Portionen
5–10 Min.

60 ml ungesüßter Apfelsaft • 75 g Heidelbeeren (TK) • 60 g Erdbeeren (TK) • 160 g gegarte Rote Bete, gewürfelt • Eiswürfel (optional)

Toppings
Heidelbeeren • Erdbeeren • Klassisches Knuspermüsli (Seite 80) • Chiasamen

- Apfelsaft, Heidelbeeren, Erdbeeren und Rote Bete in einen Mixer geben. Deckel sicher verschließen und glatt pürieren. (Bei einem Mixer mit variabler Geschwindigkeit langsam beginnen und allmählich schneller werden.)

- Für eine dickere Konsistenz Eiswürfel einzeln zugeben und weitermixen, bis der Smoothie schön glatt und dickflüssig ist.

Kürbis-Karotten-Bowl

» Diese Smoothie Bowl ist eine herbstliche Energiebombe mit vielen Vitaminen. Als meine Tochter die Bowl probierte, seufzte sie: »Oh, das schmeckt sooo gut!« Ist das nicht ein tolles Lob?

Für 2 Portionen
10–15 Min.

150 g Karotten • 75 ml ungesüßter Mandelmilch • 2 EL flüssiger Honig • 1 gefrorene Banane (Seite 16) • 225 g Kürbispüree • Eiswürfel (optional)

Toppings
gemahlener Zimt • Bananenscheiben • Dattelscheiben • Würzige Pekannüsse (Seite 87) • gehackte Walnüsse

- Karotten in Stücke schneiden. Alle Zutaten in einen Mixer geben. Deckel sicher verschließen und glatt pürieren. Für eine dickere Konsistenz Eiswürfel einzeln zugeben und weiter mixen, bis der Smoothie schön glatt ist.

Tipp Kochen Sie im Herbst auf Vorrat Kürbispüree, das sich gut einfrieren lässt. Dazu einfach das Kürbisfleisch in wenig Wasser weichkochen und pürieren.

Kürbis-Karotten-Bowl

KOFFEIN-POWER

Eis-Tiramisu

» Diese Smoothie-Bowl ist so reichhaltig und gut, dass sie glatt als Dessert durchgehen kann. Wenn Sie auf eine glatte Konsistenz stehen, lassen Sie die Vollkornkekse beim Anmixen weg und krümeln Sie sie später auf die Bowl.

Für 1 Portion
5–10 Min.

75 ml starker, aufgebrühter Kaffee, gut gekühlt • 375 ml gefrorener Joghurt mit Vanillegeschmack • 2 TL ungesüßtes Kakaopulver • 2 Vollkornkekse • 2 TL Nuss-Nougat-Creme • Eiswürfel (optional)

Toppings
ungesüßtes Kakaopulver • gemahlener Zimt • zerbröselte Vollkornkekse • geraspelte Schokolade

- Kaffee, Joghurt, Kakaopulver, Vollkornkekse und Nuss-Nougat-Creme in einen Mixer geben. Deckel sicher verschließen und glatt pürieren.

- Für eine dickere Konsistenz Eiswürfel einzeln zugeben und jeweils kurz pürieren, bis die gewünschte Konsistenz erreicht ist.

Kokos-Kaffee-Bowl

» Wenn Sie Kokos und Kaffee mögen, werden Sie von dieser Bowl begeistert sein! Durch den Rohrzucker schmeckt sie schön aromatisch und versorgt Sie mit einer extra Portion Koffein vom Aufwachen bis zum Nachmittag.

Für 1 Portion
5–10 Min.

60 ml gekühlter Kaffee • 60 ml Kokosmilch • 2 EL Rohrzucker • ½ TL gemahlener Zimt • 1 gefrorene Banane (Seite 16) • 4 Eiswürfel

Toppings
Bananenscheiben • Kokosraspel • Espressobohnen mit dunkler Schokolade

● Alle Zutaten in einen Mixer geben. Deckel sicher verschließen und glatt pürieren. (Bei einem Mixer mit variabler Geschwindigkeit langsam beginnen und allmählich schneller werden.)

Tipp Rohrzucker können Sie problemlos anstelle von Haushaltszucker verwenden. Er ist braun, schön aromatisch und passt nicht nur gut in Smoothie Bowls, sondern auch zu Milchreis und Gebäck.

Espresso-Bowl

» Espresso gibt dieser Bowl genau den richtigen Kick. Kochen Sie dafür am besten schon morgens Esspresso und bewahren Sie ihn einem luftdichten Behälter im Kühlschrank auf. So haben Sie die wichtigste Zutat gleich griffbereit.

Für 2 Portionen
5–10 Min.

125 ml gesüßter Sojakakao • 60 ml gekühlter Espresso • 250 ml gefrorener Joghurt mit Kaffeegeschmack • 2 TL flüssiger Honig • 1 TL ungesüßtes Kakaopulver • ½ gefrorene Banane (Seite 16) • 2 EL Mandelmus (Seite 86) • 4 Eiswürfel

Toppings
ungesüßtes Kakaopulver • Bananenscheiben • Espressobohnen mit dunkler Schokolade • Schokotropfen

● Alle Zutaten in einen Mixer geben. Deckel sicher verschließen und glatt pürieren.

Variante Anstelle des Sojakakaos eignet sich auch ein mit Kuhmilch angerührter Kakao.

Espresso-Bowl

Eismokka-Bowl

» Aus Kaffeeresten können Sie ganz schnell und einfach leckere Smoothie Bowls zaubern – ideal für den Powerkick zwischendurch. Für dieses Rezept sollte der aufgebrühte Kaffee unbedingt gut gekühlt sein.

Für 1–2 Portionen
5–10 Min.

60 ml gekühlter Kaffee • 60 ml Schokomilch • 250 ml gefrorener Joghurt mit Kaffeegeschmack • 2 TL flüssiger Honig • 2 EL ungesüßtes Kakaopulver • 4 Eiswürfel

Toppings
ungesüßtes Kakaopulver • Kakaonibs • Espressobohnen mit dunkler Schokolade

• Kaffee, Schokomilch, Joghurt, Honig, Kakaopulver und Eiswürfel in einen Mixer geben. Deckel sicher verschließen und glatt pürieren. (Bei einem Mixer mit variabler Geschwindigkeit langsam beginnen und allmählich schneller werden.)

Affogato-Bowl

» Wörtlich heißt diese köstliche Kreation »Ertrunken im Kaffee«. Es ist ein traditionelles italienisches Dessert, für das eine Kugel Eiscreme in eine Tasse gegeben und mit Espresso übergossen wird. Auch als Smoothie Bowl sehr lecker!

Für 2 Portionen
5–10 Min.

125 ml gekühlter Espresso • 2 EL ungesüßte Mandelmilch • 750 ml Eiscreme mit Kaffeearoma • 2 TL ungesüßtes Kakaopulver • Eiswürfel (optional)

Toppings
gemahlener Zimt • ungesüßtes Kakaopulver • Espressobohnen mit dunkler Schokolade • gemahlene Leinsamen

• Kaffee, Mandelmilch, Eiscreme und Kakaopulver in einen Mixer geben. Deckel sicher verschließen und glatt pürieren. (Bei einem Mixer mit variabler Geschwindigkeit langsam beginnen und allmählich schneller werden.)

• Wünschen Sie eine dickere Konsistenz, Eiswürfel einzeln zugeben und jeweils kurz pürieren.

Zimttee-Bowl

» Ein flüssiger Seelentröster mit köstlichen, aufgestreuten Extras, die Sie ganz Ihrer individuellen Stimmung anpassen können. Wenn Sie keinen Zimttee haben, können Sie auch schwarzen Tee mit einer Zimtstange und/oder gemahlenem Zimt aufbrühen.

Für 1 Portion
5–10 Min.

75 ml gekühlter Zimttee • 60 ml ungesüßte Mandelmilch • 2 EL flüssiger Honig • ¾ TL gemahlener Zimt • 1 gefrorene Banane (Seite 16) • 4 Eiswürfel

Toppings
gemahlener Zimt • Bananenchips (Seite 82) • Klassisches Knuspermüsli (Seite 80) • Ahornsirup • Würzige Pekannüsse (Seite 87) • Hanfsamen

● Tee, Mandelmilch, Honig, Zimt, Banane und Eiswürfel in einen Mixer geben. Deckel sicher verschließen und glatt pürieren. (Bei einem Mixer mit variabler Geschwindigkeit langsam beginnen und allmählich schneller werden.)

Kamille-Beeren-Bowl

» Kamillentee ist ein traditioneller Kräutertee, den viele Menschen abends trinken, da er bei Schlafstörungen helfen soll. Kombinieren Sie ihn mit gefrorenen Beeren und Chiasamen, und Sie bekommen eine gesunde Smoothie Bowl.

Für 1 Portion
5-10 Min.

75 ml gekühlter Kamillentee • 2 TL flüssiger Honig • 375 g gemischte Beeren (TK) • 1 TL Chiasamen • Eiswürfel (optional)

Toppings
Beeren • Kiwischeiben • Klassisches Knuspermüsli (Seite 80) • Chiasamen

● Tee, Honig, Beeren und Chiasamen in einen Mixer geben. Deckel sicher verschließen und glatt pürieren.

● Wünschen Sie eine dickere Konsistenz, Eiswürfel einzeln zugeben und weitermixen, bis der Smoothie schön glatt und dickflüssig ist.

Tipp Achten Sie darauf, dass der Tee komplett abgekühlt ist, bevor Sie ihn in die Smoothie Bowl geben.

Grüntee-Heidelbeer-Bowl

» Grüner Tee ist der Gesundheit auf vielerlei Weise förderlich. Ich trinke ihn besonders gern am Nachmittag, aber mein neuestes Nachmittags-Lieblingsgetränk ist diese Smoothie Bowl, denn gleichzeitig ist sie auch noch ein sättigender Snack.

Für 1 Portion
⏲ 5–10 Min.

75 ml gekühlter grüner Tee • 1 TL flüssiger Honig • 1 gefrorene Banane (Seite 16) • 150 g Heidelbeeren (TK) • Eiswürfel (optional)

Toppings
Bananenscheiben • Heidelberen • Gojibeeren

- Tee, Honig, Banane und Heidelbeeren in einen Mixer geben. Deckel sicher verschließen und glatt pürieren. (Bei einem Mixer mit variabler Geschwindigkeit langsam beginnen und allmählich schneller werden.)

- Mögen Sie lieber eine dickere Konsistenz, Eiswürfel einzeln zugeben und jeweils kurz pürieren, bis die gewünschte Konsistenz erreicht ist.

Wassermelone-Grüntee-Bowl

» Wassermelone und Grüner Tee stecken beide voller gesundheitsfördernder Inhaltsstoffe. In dieser sättigenden Smoothie Bowl sorgen sie gemeinsam für eine wunderbare Erfrischung an einem heißen Sommertag.

Für 1–2 Portionen
⏲ 5–10 Min.

125 ml gekühlter grüner Tee • 1 EL flüssiger Honig • 1 gefrorene Banane (Seite 16) • 250 g gefrorene Wassermelonenwürfel • Eiswürfel (optional)

Toppings
Erdbeerscheiben • Wassermelonenwürfel • abgeriebene Limettenschale

- Tee, Honig, Banane und Wassermelone in einen Mixer geben. Deckel sicher verschließen und glatt pürieren. (Bei einem Mixer mit variabler Geschwindigkeit langsam beginnen und allmählich schneller werden.)

- Für eine dickere Konsistenz Eiswürfel einzeln zugeben und jeweils kurz pürieren, bis der Smoothie glatt ist.

Wassermelone-Grüntee-Bowl

Mango-Tango-Grüntee-Bowl

» Grüner Tee, Brombeeren, Mango und Banane vereinen sich hier zu einem sättigenden Durstlöscher, der viele Antioxidantien und jede Menge Vitamine enthält. Genau das Richtige für eine Erfrischung.

Für 1 Portion
⏲ 5–10 Min.

120 g Mango • 75 ml gekühlter grüner Tee • 1 gefrorene Banane • 160 g Brombeeren • Eiswürfel (optional)

Toppings
Bananenscheiben • Brombeeren • Klassisches Knuspermüsli (Seite 80)

- Mango schälen und würfeln.

- Tee, Banane, Mango und Brombeeren in einen Mixer geben. Deckel sicher verschließen und glatt pürieren. (Bei einem Mixer mit variabler Geschwindigkeit langsam beginnen und allmählich schneller werden.) Für eine dickere Konsistenz Eiswürfel einzeln zugeben und jeweils kurz pürieren, bis die gewünschte Konsistenz erreicht ist.

Vanille-Chai-Bowl

» Chai wird traditionell mit getrockneten Gewürzen wie Zimt, Kardamom, Ingwer und Nelken aufgebrüht. In dieser köstlichen Bowl harmonieren diese Gewürze ganz wunderbar mit Honig und gefrorenem Vanillejoghurt.

Für 2 Portionen
⏲ 5–10 Min.

75 ml gekühlter Chai • 500 ml gefrorener griechischer Joghurt mit Vanillegeschmack • 2 TL flüssiger Honig • 1 TL Vanilleextrakt • ½ TL gemahlener Zimt • 4 Eiswürfel

Toppings
gemahlener Zimt • Klassisches Knuspermüsli (Seite 80) • Studentenfutter-Kekse (Seite 84) • gehackte Cashewkerne • Kürbiskerne • Sonnenblumenkerne

- Tee, Joghurt, Honig, Vanilleextrakt, Zimt und Eiswürfel in einen Mixer geben. Deckel sicher verschließen und glatt pürieren. (Bei einem Mixer mit variabler Geschwindigkeit langsam beginnen und allmählich schneller werden.)

Vanille Chai Bowl

LECKERE TOPPINGS

Pekan-Knuspermüsli

» Wenn Sie ein Fan von Pekannüssen sind, ist dieses Rezept genau das Richtige für Sie. Streuen Sie es auf Ihre Smoothie Bowls, knabbern Sie es als Snack oder genießen Sie es zu Joghurt.

Für etwa 1250 g

10 Min. + 30 Min. Backzeit

60 g brauner Zucker • 2 TL gemahlener Zimt • ½ TL Salz • 5 EL Ahornsirup • 4 TL Vanilleeextrakt • 125 ml Pflanzenöl • 500 g Haferflocken (»Großblatt«) • 250 g Pekannüsse • 250 g getrocknete Cranberrys

- Ofen auf 160 °C vorheizen und ein Backblech mit Backpapier auslegen.

- Zucker, Zimt, Salz, Ahornsirup und Vanilleextrakt vermischen. Öl sorgfältig einrühren. Haferflocken und Pekannüsse zugeben und weiterrühren, bis alles gut benetzt ist. In einer Schicht auf das Blech geben und festdrücken.

- 30 Min. backen, bis das Müsli schön gebräunt ist; dabei gelegentlich wenden. Aus dem Ofen nehmen und Cranberrys unterrühren.

Klassisches Knuspermüsli

» Dieses klassische Knuspermüsli ist schnell gemacht und sooo lecker! Nicht nur meine Kinder lieben es. Geben Sie gern Ihre Lieblings-Müslizutaten – Leinsamen, Sonnenblumenkerne, Hanfsamen oder Ähnliches – mit hinein.

Für etwa 500 g

10 Min. + 30 Min. Backzeit

200 g grobe Haferflocken (»Großblatt«) • 150 g grob gehackte Nüsse nach Wahl • 4 EL flüssiger Honig • 2 EL geschmolzenes Kokosnussöl • 150 g Trockenfrüchte

- Ofen auf 150 °C vorheizen und ein Backblech mit Backpapier auslegen.

- Haferflocken, Nüsse, Honig und Öl gut vermischen und auf dem Backblech ausbreiten. Leicht festdrücken.

- 30 Min. backen, bis das Müsli goldbraun wird, dabei nach der Hälfte der Zeit einmal wenden. Aus dem Ofen nehmen und die Trockenfrüchte einrühren. Blech auf ein Küchengitter stellen und vollständig auskühlen lassen.

Schnelles Müsli

» Meine Kinder naschen dauernd von diesem fantastischen Fitness-Mix – ständig ist die Dose leer. Dank der vielen gesunden Zutaten ist das aber kein Problem, denn sie enthalten jede Menge leckere Ballaststoffe.

Für etwa 600 g

15 Min. + 8 Min. Backzeit

250 g Vollkorn-Flocken nach Wahl • 150 g grobe Haferflocken (»Großblatt«) • 150 g grob geschnittene Trockenfrüchte • 50 g grob gehackte gemischte Nüsse • 1 EL Sonnenblumenkerne

- Ofen auf 180° C vorheizen und ein Backblech mit Backpapier auslegen.

- Getreideflocken auf das vorbereitete Backblech geben und im vorgeheizten Ofen 6–8 Min. backen, bis sie leicht geröstet sind. Blech aus dem Ofen nehmen und abkühlen lassen.

- Trockenfrüchte grob schneiden und Nüsse grob hacken. Mit den Sonnenblumenkernen in die Getreideflocken einrühren.

Kirsch-Mandel-Müsli

» Dieses Müsli besteht aus Flocken, Nüssen, Samen und getrockneten Kirschen – jede Menge leckere Ballaststoffe.

Für etwa 1 Liter
10–15 Min. + 20 Min. Backzeit

500 g grobe Haferflocken • 125 g ungesüßte Kokosflocken • 125 g gehackte Mandeln • 30 g ungesalzene Sonnenblumenkerne • 15 g Kürbiskerne • 15 g gemahlene Leinsamen • 15 g Hanfsamen • 3 EL geschmolzenes Kokosöl • 2 EL Ahornsirup • 1 TL Vanilleextrakt • ½ TL gemahlener Zimt • 175 g getrocknete Kirschen, gehackt

- Ofen auf 160 °C vorheizen und ein Backblech mit Backpapier auslegen.

- Haferflocken, Kokosflocken, Mandeln, Sonnenblumenkerne, Kürbiskerne, Lein- und Hanfsamen vermischen.

- Kokosöl, Ahornsirup, Vanilleextrakt und Zimt verrühren. Über die Mischung gießen. Die Mischung auf dem Backblech verteilen. 20 Min. backen, nach 10 Min. einmal wenden, damit alles gleichmäßig braun wird. Kirschen einrühren.

Apfelchips

» Ich liebe diese unkomplizierten Apfelchips, denn sie sind ruckzuck gemacht. Sie kommen nämlich aus der Mikrowelle und nicht aus dem Backofen– so sparen Sie 2 Stunden. Übrigens: Sie sind auch als Snack zwischendurch sehr lecker.

Für 4 Portionen
20–25 Min.

2 Äpfel • ½ TL gemahlener Zimt

- Einen für die Mikrowelle geeigneten Teller mit Backpapier auslegen.

- Äpfel vierteln und entkernen. In 3 mm schmale Spalten schneiden und in einer Schicht so auf den Teller legen, dass sie sich nicht überlappen. Mit Zimt bestäuben.

- Auf höchster Stufe 4–5 Min. erhitzen, bis die Ränder sich leicht nach oben biegen. Spalten umdrehen und noch einmal 30–60 Sek. auf höchster Stufe erhitzen, bis die Ränder knusprig sind. Herausnehmen und etwa 10 Min. trocknen lassen.

Bananenchips

» Versuchen Sie einmal, Bananenchips selbst zu machen – es ist ganz einfach! Wichtig ist, dass Sie die Ofentemperatur wirklich niedrig halten, damit die Chips ganz langsam backen, dabei vollständig austrocknen und schön knusprig werden können.

Für 4 Portionen

10 Min. + 2 ½ Std. Backzeit

4 reife Bananen • 125 ml frisch gepresster Zitronensaft

- Ofen auf 100 °C vorheizen und ein Backblech mit Backpapier auslegen.

- Bananen quer in ½ cm dicke Scheiben schneiden, kurz in den Zitronensaft tunken und die Flüssigkeit leicht abschütteln. In einer Schicht so auf das Blech legen, dass die Scheiben sich nicht überlappen.

- 2–2½ Std. backen, bis die Chips goldbraun und knusprig sind; dabei einmal wenden. Vollständig auf dem Backblech auskühlen lassen.

Grünkohlchips

» Diese schmackhaften Chips sind auf grünen Smoothie Bowls ein wahrer Genuss – und noch dazu kerngesund! Reste können Sie als Snack oder Vorspeise servieren.

Für 4 Portionen

15–20 Min. + 12 Min. Backzeit

100 g Grünkohlblätter • 2 EL Olivenöl • ¼ TL Salz • ¼ TL frisch gemahlener schwarzer Pfeffer

- Ofen auf 230 °C vorheizen, ein Backblech mit Alufolie auslegen und leicht einfetten.

- Dicke Grünkohlstiele entfernen, Blätter waschen und mit Küchenkrepp trockentupfen. Grob hacken.

- Öl, Salz und Pfeffer in eine Schüssel geben und die Grünkohlblätter darin wenden, bis sie rundum benetzt sind. In einer Schicht auf dem Blech ausbreiten.

- 6 Min. backen, wenden und bei reduzierter Hitze (150 °C) weitere 6 Min. backen, bis die Chips schön knusprig sind. 5 Min. auf dem Blech auskühlen lassen.

Grünkohlchips

Beste Schoko-Haferkekse aller Zeiten

» Dieses Rezept bekam ich von meiner Freundin Nancy. Übrigens: Die Kekse schmecken nicht nur als Topping, sondern auch solo!

Für 48 Kekse

10 Min. + 1 Std. Kühlzeit + 20–35 Min. Backzeit

180 g Weizenmehl • 1 TL Natron • 1 TL gemahlener Zimt • 170 g weißer Zucker • 85 g brauner Zucker • 225 g weiche Butter • 1 großes Ei • 1 TL Vanilleextrakt • 150 g grobe Haferflocken • 150 g Schokotropfen

- Mehl, Natron und Zimt vermischen. In einer 2. Schüssel beide Zuckersorten und die Butter zu einer leichten Creme verschlagen. Ei und Vanille unterrühren. Die Mehlmischung einrühren. Haferflocken und Schokotropfen unterziehen. Für 1 Std. in den Kühlschrank stellen.

- Ofen auf 180 °C vorheizen. Aus dem Teig Kugeln mit ca. 2 ½ cm Durchmesser formen und im Abstand von 5 cm auf Backbleche setzen. 10–12 Min. backen, bis die Kekse an den Rändern leicht gebräunt sind; nach 5 Min. wenden.

Studentenfutterkekse

» Krümeln Sie diese Kekse als Topping auf Ihre Smoothie Bowls oder genießen Sie sie im Ganzen nach einem Workout.

Für etwa 48 Kekse

15 Min. + ca. 30 Min. Backzeit

180 g Weizenmehl • ½ TL Natron • ¼ TL Salz • 85 g brauner Haushaltszucker • 60 g Rohrzucker • 60 g weiche Butter • 2 große Eiweiße • 8 EL flüssiger Honig • 200 g grobe Haferflocken (»Großblatt«) • 75 g Kürbiskerne • 75 g Sonnenblumenkerne • 100 g gemischte Trockenfrüchte • 80 g halbbittere Schokotropfen

- Ofen auf 180 °C vorheizen und Backbleche mit Backpapier auslegen.

- Mehl, Natron und Salz vermischen. In einer 2. Schüssel Zucker und Butter zu einer leichten Creme verschlagen. Eiweiße und Honig unterrühren. Mehlmischung einrühren. Kerne, Trockenfrüchte und Schokotropfen unterziehen.

- Jeweils 1 EL Teig auf die Bleche setzen. Jedes Blech 8–10 Min. backen, bis die Kekse leicht gebräunt sind.

Studentenfutterkekse

Mandelmus

» Eigenes Mandelmus herzustellen ist ganz einfach. Alles, was Sie dafür brauchen, sind Mandeln, Salz und ein Mixer. Sie können die Zutatenmenge verdoppeln, brauchen dann aber einen großen Mixer.

Für 300 g
5–10 Min.

160 g Mandeln • 1 Prise Salz

- Mandeln mit Salz in einen Mixer geben und gründlich vermixen. Dabei die an den Wänden haftende Masse immer wieder mit einem Spatel nach unten streichen, bis ein dickes, cremiges Mus entstanden ist.

- Das Mandelmus in einem luftdichten Behälter im Kühlschrank bis zu 1 Woche aufbewahren.

Variante Probieren Sie dieses Rezept mit rohen und mit gerösteten Mandeln – was schmeckt Ihnen besser?

Zimt-Cashewmus

» In diesem köstlichen Mus stecken einige der Lieblingszutaten meines Mannes: Cashewkerne, Honig und Zimt. Er liebt dieses cremige Nussmus in eine Smoothie Bowl eingerührt oder einfach dazu serviert.

Für 300 g
5–10 Min.

90 g geröstete Cashewkerne • 1 TL gemahlener Zimt • 1/8 TL Salz • 2 EL Kokosöl • 2 EL flüssiger Honig

- Alle Zutaten in einen Mixer geben und gründlich vermixen. Dabei die an den Wänden haftende Masse immer wieder mit einem Spatel nach unten streichen und weitermixen, bis ein dickes, cremiges Mus entstanden ist.

- Das Mandelmus in einem luftdichten Behälter bis zu 1 Woche im Kühlschrank aufbewahren.

Himbeersoße

» Diese Soße schmeckt wunderbar zu allen süßen Smoothie Bowls oder zu jeder Art von Eiscreme. Probieren Sie es aus! Außerdem sorgt sie für Farbe auf dem Teller, denn das Auge isst schließlich mit.

Für 750 ml
20 Min.

600 g Himbeeren (TK) • 40 g Zucker • 1 EL Maisstärke

- Himbeeren in einen Mixer geben und gründlich pürieren. Das Püree durch ein Sieb in eine Schüssel streichen, sodass die Kerne zurückbleiben.

- In einem mittelgroßen Kochtopf Himbeerpüree, Zucker und Maisstärke vermischen und auf niedriger Hitze unter ständigem Rühren 5–10 Min. kochen, bis es schön angedickt ist. Bei Zimmertemperatur oder im Kühlschrank vollständig abkühlen lassen.

Tipp Die abgekühlte Himbeersoße können Sie in einem luftdichten Behälter im Kühlschrank 1 Woche aufbewahren.

Würzige Pekannüsse

» Diese würzigen Nüsse schmecken lecker zu jeder Smoothie Bowl. Sie können sie aber auch »pur« zu Tee oder Kaffee knabbern.

Für ca. 650 g
10 Min. + 25 Min. Backzeit

170 g Zucker • 1 TL gemahlene Muskatnuss • ½ TL gemahlener Zimt • ¼ TL gemahlene Gewürznelken • je ⅛ TL gemahlener Ingwer und Piment • 1 großes Eiweiß • 1 TL Wasser • 500 g Pekannüsse

- Ofen auf 150 °C vorheizen und ein Backblech mit Backpapier auslegen.

- Zucker und Gewürze gut vermischen. Mit einer Gabel Eiweiß und Wasser einrühren. Nüsse zugeben und weiterrühren, bis die Nüsse rundum benetzt sind. In einer gleichmäßigen Schicht auf das vorbereitete Backblech geben.

- Im vorgeheizten Ofen 25 Min. backen; nach der Hälfte der Backzeit einmal wenden. Blech aus dem Ofen nehmen, vollständig abkühlen lassen und in Stücke brechen.

Service

Danksagung

Es gibt viele Menschen, ohne deren Zutun dieses Buch gar nicht möglich gewesen wäre. Mein erster Dank geht an meinen Verleger, Bob Dees vom Verlag Robert Rose, der an mich geglaubt und es noch einmal mit mir gewagt hat (aller guten Dinge sind drei). Ich kann ihm gar nicht genug dafür danken, dass er meine Begeisterung für das Projekt teilt.

Ein großes Dankeschön geht an meine Lektorinnen Sue Sumeraj und Jennifer MacKenzie für ihre sorgfältige Arbeit sowie an Martine Quibell für ihre unermüdliche Hilfsbereitschaft. Mit ihnen zusammenzuarbeiten, war mir ein Vergnügen.

Mein besonderer Dank gilt Nancy Bynon für ihre Hilfe beim Testen der Rezepte. Mit ihren tollen Vorschlägen und Ideen ist sie mir schon seit Jahren eine wunderbare Hilfe.

Großer Dank geht auch an all die Menschen, die aus purer Hilfsbereitschaft meine Rezepte testeten und mich auch sonst in jeder Hinsicht unterstützten, darunter Stephanie Lepore, Caroline Yeilding, Jamie Asman, Natalie und Eric Asman, Charles und Julie Stein, Peyton Hare, Heather Benamy, Emily Clark, Ana Sayers, Shirley Prince und besonders meine Schwiegermutter Rosemary Buettner.

Der größte Dank schließlich gebührt meinem wunderbaren Ehemann Doug Buettner, dessen Ermutigung und Hilfe mich jede Herausforderung überstehen lässt. Er ist ein echter Schatz und ich danke täglich für das große Glück, ihn gefunden zu haben. Meine drei Kinder, Alec, Leigh und Zachary, halfen an dem Buch ebenfalls von Beginn bis Ende mit, gingen einkaufen, bereiteten Rezepte zu, machten Verbesserungsvorschläge und kosteten alles, was ich zubereitet hatte. Ihr seid drei unglaublich tolle Kinder, die täglich ein Lächeln auf mein Gesicht zaubern und mich so richtig stolz machen. Ihr seid das, worum es im Leben wirklich geht, und ich liebe euch über alles.

Liebe Leserin, lieber Leser,

hat Ihnen dieses Buch weitergeholfen? Für Anregungen, Kritik, aber auch für Lob sind wir offen. So können wir in Zukunft noch besser auf Ihre Wünsche eingehen. Schreiben Sie uns, denn Ihre Meinung zählt!

Ihr TRIAS Verlag

E-Mail-Leserservice
kundenservice@trias-verlag.de

Lektorat TRIAS Verlag
Postfach 30 05 04
70445 Stuttgart
Fax: 0711 89 31-748

Stichwortverzeichnis

A

Açai-Avocado-Bowl 59
Affogato-Bowl 72
Ananas
– Detox auf Karibisch 55
– Erdbeer-Avocado-Bowl 47
– Grüne Mango-Bowl 54
– Kokos-Cantaloupe-Bowl 60
– Nimm-mich-mit-Bowl 63
– Superfood-Bowl 42
– Tropische Mischung 64
Apfelchips 81
Arme-Ritter-Bowl 32
Avocado
– Açai-Avocado-Bowl 59
– Erdbeer-Avocado-Bowl 47
– Fühl-dich-besser-Bowl 63
– Petersilien-Birnen-Bowl 50

B

Bananen
– Açai-Avocado-Bowl 59
– Arme-Ritter-Bowl 32
– Bananenchips 82
– Basilikum-Melonen-Bowl 48
– Birnenliebling 38
– Brombeer-Kokosnuss-Bowl 46
– Dattel-Mandelmus-Bowl 38
– Detox auf Karibisch 55
– Energieschub-Bowl 48
– Erdbeer-Avocado-Bowl 47
Espresso-Bowl 70
Frühstück komplett 30
– Frühstück to go 30
– Go, Grapefruit, go! 29
– Granatapfel-Beeren-Bowl 57
– Grüne Bombe 51
– Grüne Kokosnuss-Bowl 54
– Grüne Mango-Bowl 54
– Grüne Pfirsich-Bowl 51
– Grüner-als-grün-Bowl 42
– Grüntee-Heidelbeer-Bowl 74
– Heidelbeer-Detox-Bowl 34
– Heidelbeer-Leinsamen-Bowl 55
– Himbeer-Minze-Bowl 46
– Kirsch-Grünkohl-Bowl 47
– Kiwi-Kickstart 39
– Kokos-Cantaloupe-Bowl 60
– Kokos-Kaffee-Bowl 70
– Mandelmus-Erdbeer-Bowl 58
– Mango-Tango-Grüntee-Bowl 76
– Orangen-Bowl zum Aufwachen 39
– Petersilien-Birnen-Bowl 50
– Pistazien-Vanille-Bowl 58
– Rucola-Gurken-Bowl 52
– Sahnige Pfirsich-Bowl 62
– Sorbet-Bowl 64
– Spinat-Mandel-Bowl 44
– Superfood-Bowl 42
– Tropische Mischung 64
– Wassermelone-Grünkohl-Bowl 52
– Wassermelone-Grüntee-Bowl 74
– Wassermelone-Minze-Bowl 60
– Zimtschnecken-Smoothie-Bowl 34
– Zimttee-Bowl 73
Basilikum-Melonen-Bowl 48
BBB – Bete-und-Beeren-Bowl 66
Beeren-Bowl 44
Birnen
– Birnenliebling 38
– Energieschub-Bowl 48
– Grünkohl-Birnen-Bowl 41
– Petersilien-Birnen-Bowl 50
Brombeeren
– Beeren-Bowl 44
– Brombeer-Kokosnuss-Bowl 46
– Drei-Beeren-Hafer-Bowl 36
– Lila Power 59
– Mango-Tango-Grüntee-Bowl 76

D

Dattel-Mandelmus-Bowl 38
Detox auf Karibisch 55
Drei-Beeren-Hafer-Bowl 36

E

Eismokka-Bowl 72
Eis-Tiramisu 69
Energieschub-Bowl 48
Erdbeeren
– Açai-Avocado-Bowl 59
– BBB – Bete-und-Beeren-Bowl 66
– Drei-Beeren-Hafer-Bowl 36
– Erdbeer-Avocado-Bowl 47
– Erdnussmus-Bowl mit Erdbeergelee 32
– Frühstück to go 30
– Fühl-dich-besser-Bowl 63
– Go, Grapefruit, go! 29
– Grüne-Beeren-Bowl 44
– Mandelmus-Erdbeer-Bowl 58
– Nimm-mich-mit-Bowl 63
– Super-Ballaststoff-Bowl 62
Espresso
– Affogato-Bowl 72
– Espresso-Bowl 70

F

Frühstück komplett 30
Frühstück to go 30
Fühl-dich-besser-Bowl 63

G

Gojibeeren-Bowl 36
Granatapfel-Beeren-Bowl 57
Grapefruit
– Go, Grapefruit, go! 29

Grüne Bombe 51
Grüne Kokosnuss-Bowl 54
Grüne Mango-Bowl 54
Grüne Pfirsich-Bowl 51
Grüner-als-grün-Bowl 42
Grünkohl
– Detox auf Karibisch 55
– Grüne Kokosnuss-Bowl 54
– Grünkohl-Birnen-Bowl 41
– Grünkohlchips 82
– Kirsch-Grünkohl-Bowl 47
– Lila Power 59
– Wassermelone-Grünkohl-Bowl 52
Grüntee-Heidelbeer-Bowl 74
Gurken
– Basilikum-Melonen-Bowl 48
– Rucola-Gurken-Bowl 52

H
Heidelbeeren
– BBB – Bete-und-Beeren-Bowl 66
– Drei-Beeren-Hafer-Bowl 36
– Fühl-dich-besser-Bowl 63
– Granatapfel-Beeren-Bowl 57
– Grüntee-Heidelbeer-Bowl 74
– Heidelbeer-Detox-Bowl 34
– Heidelbeer-Leinsamen-Bowl 55
– Lila Power 59
– Mandelmus-Erdbeer-Bowl 58
Himbeeren
– Granatapfel-Beeren-Bowl 57
– Himbeer-Minze-Bowl 46
– Himbeersoße 87
– Superfood-Bowl 42

I
Ingwer-Birnen-Bowl 50

J
Joghurt, griechischer
– Frühstück komplett 30
– Frühstück to go 30
– Gojibeeren-Bowl 36
– Grüne Mango-Bowl 54
– Lila Power 59
– Nimm-mich-mit-Bowl 63
– Tropische Mischung 64
– Vanille-Chai-Bowl 76
– Zimtschnecken-Smoothie-Bowl 34

K
Kaffee
– Eismokka-Bowl 72
– Eis-Tiramisu 69
– Kokos-Kaffee-Bowl 70
Kamille-Beeren-Bowl 73
Kekse
– Schoko-Haferkekse 84
– Studentenfutterkekse 84
Kirschen
– Energieschub-Bowl 48
– Kirsch-Grünkohl-Bowl 47
– Kirsch-Mandel-Müsli 81
Kiwis
– Grüne Mango-Bowl 54
– Kiwi-Kickstart 39
Klassisches Knuspermüsli 80
Kokos-Cantaloupe-Bowl 60
Kokos-Kaffee-Bowl 70
Kokosmilch
– Brombeer-Kokosnuss-Bowl 46
– Grüne Kokosnuss-Bowl 54
– Kokos-Kaffee-Bowl 70
Kokoswasser
– Frühstück to go 30
– Grüne Bombe 51
– Grüner-als-grün-Bowl 42
– Ingwer-Birnen-Bowl 50
– Kirsch-Grünkohl-Bowl 47
– Kokos-Cantaloupe-Bowl 60
– Spinat-Mandel-Bowl 44
– Tropische Mischung 64
– Wassermelone-Minze-Bowl 60
Kürbis-Karotten-Bowl 66

L
Lila Power 59

M
Mandelmilch
– Affogato-Bowl 72
– Birnenliebling 38
– Dattel-Mandelmus-Bowl 38
– Drei-Beeren-Hafer-Bowl 36
– Energieschub-Bowl 48
– Erdbeer-Avocado-Bowl 47
– Grüne-Beeren-Bowl 44
– Grüne Mango-Bowl 54
– Grünkohl-Birnen-Bowl 41
– Kürbis-Karotten-Bowl 66
– Mandelmus-Erdbeer-Bowl 58
– Pistazien-Vanille-Bowl 58
– Sahnige Pfirsich-Bowl 62
– Zimttee-Bowl 73
Mandelmus 86
– Dattel-Mandelmus-Bowl 38
– Espresso-Bowl 70
– Mandelmus-Erdbeer-Bowl 58
– Spinat-Mandel-Bowl 44
Mangos
– Grüne Kokosnuss-Bowl 54
– Grüne Mango-Bowl 54
– Mango-Tango-Grüntee-Bowl 76
– Tropische Mischung 64
Melone
– Basilikum-Melonen-Bowl 48
– Grüne Bombe 51
– Kokos-Cantaloupe-Bowl 60
Müsli
– Kirsch-Mandel-Müsli 81
– Klassisches Knuspermüsli 80
– Pekan-Knuspermüsli 79
– Schnelles Müsli 80

N
Nimm-mich-mit-Bowl 63

O
Orangen-Bowl zum Aufwachen 39

P
Pekan-Knuspermüsli 79
Pekannüsse, würzige 87

Petersilien-Birnen-Bowl 50
Pfirsiche
– Frühstück komplett 30
– Grüne Pfirsich-Bowl 51
– Heidelbeer-Detox-Bowl 34
– Kiwi-Kickstart 39
– Petersilien-Birnen-Bowl 50
– Sahnige Pfirsich Bowl 62
Pistazien-Vanille-Bowl 58

R
Rucola-Gurken-Bowl 52

S
Schoko-Haferkekse 84
Sorbet-Bowl 64
Spinat
– Basilikum-Melonen-Bowl 48
– Beeren-Bowl 44
– Brombeer-Kokosnuss-Bowl 46
– Energieschub-Bowl 48
– Fühl-dich-besser-Bowl 63
– Grüne Mango-Bowl 54
– Grüne Pfirsich-Bowl 51
– Grüner-als-grün-Bowl 42
– Heidelbeer-Leinsamen-Bowl 55
– Himbeer-Minze-Bowl 46
– Ingwer-Birnen-Bowl 50
– Spinat-Mandel-Bowl 44
– Superfood-Bowl 42
Studentenfutterkekse 84
Super-Ballaststoff-Bowl 62
Superfood-Bowl 42

T
Tee
– Grüntee-Heidelbeer-Bowl 74
– Kamille-Beeren-Bowl 73
– Mango-Tango-Grüntee-Bowl 76
– Vanille-Chai-Bowl 76
– Wassermelone-Grüntee-Bowl 74
– Zimttee-Bowl 73
Trauben
– Grüner-als-grün-Bowl 42
– Grünkohl-Birnen-Bowl 41
– Ingwer-Birnen-Bowl 50
– Rucola-Gurken-Bowl 52
Tropische Mischung 64

V
Vanille-Chai-Bowl 76

W
Wassermelonen
– Wassermelone-Grüntee-Bowl 74
– Wassermelone-Minze-Bowl 60
– Wassermelonen-Grünkohl-Bowl 52

Z
Zimt-Cashewmus 86
Zimtschnecken-Smoothie-Bowl 34
Zimttee-Bowl 73

Bibliografische Information der Deutschen Nationalbibliothek
Die Deutsche Nationalbibliothek verzeichnet diese Publikation in der Deutschen Nationalbibliografie; detaillierte bibliografische Daten sind im Internet über http://dnb.d-nb.de abrufbar.

Programmplanung: Uta Spieldiener
Übersetzung: Irmela Erckenbrecht
Redaktion: Ursula Brunn-Steiner
Bildredaktion: Christoph Frick

Umschlaggestaltung und Layout:
CYCLUS Visuelle Kommunikation, Stuttgart

Bildnachweis:
Umschlagfoto vorn und Fotos im Innenteil:
Stefanie Bütow, Sarah Trenkle

1. Auflage 2017

Printed in Germany

Satz und Repro: Fotosatz Buck, Kumhausen
Gesetzt in Adobe InDesign CS6
Druck: AZ Druck und Datentechnik GmbH, Kempten

Gedruckt auf chlorfrei gebleichtem Papier

ISBN 978-3-432-10393-8

Auch erhältlich als E-Book:
eISBN (PDF) 978-3-432-10394-5
eISBN (ePub) 978-3-432-10395-2

1 2 3 4 5 6

Wichtiger Hinweis: Wie jede Wissenschaft ist die Medizin ständigen Entwicklungen unterworfen. Forschung und klinische Erfahrung erweitern unsere Erkenntnisse. Ganz besonders gilt das für die Behandlung und die medikamentöse Therapie. Bei allen in diesem Werk erwähnten Dosierungen oder Applikationen, bei Rezepten und Übungsanleitungen, bei Empfehlungen und Tipps dürfen Sie darauf vertrauen: Autoren, Herausgeber und Verlag haben große Sorgfalt darauf verwandt, dass diese Angaben dem Wissensstand bei Fertigstellung des Werkes entsprechen. Rezepte werden gekocht und ausprobiert. Übungen und Übungsreihen haben sich in der Praxis erfolgreich bewährt.

Eine Garantie kann jedoch nicht übernommen werden. Eine Haftung des Autors, des Verlags oder seiner Beauftragten für Personen-, Sach- oder Vermögensschäden ist ausgeschlossen.

Geschützte Warennamen (Warenzeichen®) werden nicht besonders kenntlich gemacht. Aus dem Fehlen eines solchen Hinweises kann also nicht geschlossen werden, dass es sich um einen freien Warennamen handelt.